子どもの
精神分析的
心理療法の応用

鵜飼奈津子
Ukai Natsuko

誠信書房

はじめに

　月日が流れるのは早いもので，前著『子どもの精神分析的心理療法の基本』を執筆してから，すでに2年余の月日が流れました。

　本書『子どもの精神分析的心理療法の応用』では，前著で述べた子どもの精神分析的心理療法を実践するにあたっての「基本」を前提に，まずは，近年，臨床心理士の新たな活躍の場となってきている児童養護施設の臨床において，それがいかに活かせるのかを検討したいと思っています。これは，前著に含めきれなかった諸々のテーマのなかでも，私が最も心残りに感じていたことの一つです。またこれは，本書の第Ⅱ部で取り上げている親の精神保健上の問題や，昨今，日本でも，心理臨床の領域はもとより，そのほかのさまざまな分野で取り上げられるようになってきている「子育て支援」とも，関連するテーマだと考えています。

　私は，日本の児童福祉制度や医療制度は，英国のそれに優るとも劣らないものであると，英国に滞在中から常々感じていました。ですから，第Ⅱ部でご紹介するこれら英国における取り組みの一端は，あくまでも，日本の現場に何か役に立つことがあれば，あるいは参考になることがあれば，といった気持ちから紹介するものであり，英国の方法が最善のものだと考えてのことではありません。実際，英国においてもこうした取り組みは，日々振り返りを繰り返しながら常に改善が重ね続けられている，いまだに完全には出来上がっていない制度であり，領域です。

　次に，前著において紹介した事例は，結果的に比較的年齢の低い子どもたちのものばかりでした。そこで本書では，一般に「思春期」と呼ばれる年齢の子どもたちの事例も含め，特に第Ⅱ部では，彼らをターゲットにした短期介入サービスについて，ご紹介しています。

　そして，多少欲ばりな内容になってしまうかもしれませんが，最後の第Ⅲ部では，私が英国滞在の最後の約3年間に，子ども・青年心理療法士（Child

& Adolescent Psychotherapist）として勤務した，レフュジー・セラピー・センター（Refugee Therapy Centre）で出会った思春期の子どもたちについて述べています。このセンターには，大変なトラウマ（心的外傷）を背負いながらも前に向かって生きていこうとする人たちと，いかに向き合っていくのかという，まさに「生きること」について心理療法士たちが日々直面しているような緊迫感がありました。同時に私自身にとっても，英国における"一外国人"として，世界中のどの国のどの場所にいようと，今，自分にできることを淡々とこなしながら生きていくということの大切さを，温かいスタッフや同僚らに見守られながら体験していた日々でもありました。

　このように，本書『子どもの精神分析的心理療法の応用』は，英国の子ども・青年心理療法士たちが，子どもの精神分析的心理療法の基本を踏まえながらも，より幅広い領域において，「基本」の知見を活かしながら自らの活躍の場を広げていこうとする，まさに現在進行形の仕事を紹介しようとするものです。

　そしてもう一つ，本書全体を通じて流れているテーマがあります。それは，他職種協働と他機関連携です。これも昨今，日本の心理臨床の現場，特に子どもの虐待に対応する領域では，声高に繰り返されているテーマの一つではないでしょうか。本書でも全体を通じて，この他職種協働と他機関連携について考えるきっかけとなる事例を，それがうまくいかなかったものも含めてご紹介しています。

　私たちは皆，どのような現場で仕事をしていようとも，心理療法士としてただ面接室の中にとどまって心理療法を行うことのみに集中するのか，あるいは面接室から一歩を踏み出して他職種や他機関の人たちと協働していくのか，もし後者の道を選ぶとするならば，心理療法士としてのアイデンティティをいかに守りながらこれを進めていくことができるのか，といった問いに，多かれ少なかれ直面することになるでしょう。これこそがまさに「応用」なのですが，そのことについて考える際に何より肝心なことは，やはり「基本」です。つまり，あくまでも「基本」があってこその「応用」だということです。

　「基本」があるからこそ，自分はそこから今，どれくらい逸脱しているの

か，そしてその理由は何なのかということを，まずは自分自身に対して，次に他職種や他機関の同僚らに対してはっきりと説明ができるのです。それこそが，専門家としての仕事なのであり，何よりも，クライエントである子どもやその家族に責任を持って対峙するということなのだと，私は思っています。これは昨今，英国の子どもの心理療法士らの間で，最もホットなトピックの一つであるエビデンス・ベースとは，また違った意味で「説明責任を負う」ということであると思います。あくまでも，「基本」のないところに「応用」はあり得ない，と私は思っています。

　それでは，「基本」とはいったいどのようにすれば身につけられるのでしょうか。私は，前著を発表して以来，実はこれこそが最も難しい課題なのではないかということに，直面してきました。

　前著『子どもの精神分析的心理療法の基本』は，臨床心理士を目指す大学院生のための講義で私自身がテキストとして使用しているほか，いくつかの大学院の講義でも使っていただいています。精神分析的心理療法について学ぼうとする，多くの臨床心理士の方々にも読んでいただきました。この2年間は，それを通じて多くの新たな出会いのあった日々でもありました。そのなかで，実際に臨床家として，子どもの精神分析的心理療法の基本を踏まえながらそれを実践することがいかに難しいのかといったことが，より明らかになってきた2年間でもありました。

　しかし，それは決して，各々の臨床の場が精神分析的心理療法を行うのに適切ではない，という理由からではないように思います。そうではなく，面接室の中で子どもと面と向かった際に，「これからこの子どもと精神分析的心理療法を行うのだ」という心の構え，あるいは態勢のようなものを，いかに自分自身のなかに"セット"するのか，ということが難しいのではないかと思われるのです。

　つまりそれは，子どもの心に出会い，子どもの心について理解していこうとする際に，まずはその子どもの言動を，表情を，詳細に観察することからしか始まらない，という心の構えを持って自らの居場所に落ち着いて座ること。そして，そこで観察されたこととともに，心理療法士としての自分の心の中に起こってくる連想を，言葉にして子どもに伝えてみること。そうした

言葉に対して，子どもがどのように反応するのか，しないのかをさらに観察し，それに対してまた言葉を添えていくこと。もちろん，自身の逆転移感情にも同時に注意をそそぎ続けながら……。

子どもの精神分析的心理療法とは，そうした繊細なやり取りの繰り返しであり，その地道な積み重ねです。子どもと心理療法士の間に，まるで何か魔法のようなことが起きて，子どもが見る見るうちに自らの心の内を表現し，元気を取り戻していった，というような物語が容易に起こるようなことはないのです。まずは，こういった心理療法士としてのあり方を身につけていくことこそが「基本」なのですが，これは一見，とても容易なことのように思われて，実は大変困難を極めることでもあります。なぜなら，これはいくら精神分析に関する理論的な知識を身につけたところで，すぐに実践できるような心のあり方ではないからです。

臨床心理士の集まりで事例について検討されるような機会があると，「目の前にいるクライエントと真摯に向き合い，出会っていく」といった表現が用いられることが多いように思われますが，それはいったい，どういうことを意味するのでしょうか。こうした言葉はとても耳触りがよく，自分がとても人の役に立つ良いことをしているという，心地良いファンタジーを抱かせてくれるには十分な言葉ではあるでしょう。しかし，実は，これはまさに言うは易く行うは難しの世界であり，本当に真摯に向き合うとは，人それぞれ，そのイメージも意味するところも異なるのではないかと思います。精神分析的心理療法において真摯に向き合うとは，上述のような態度を自分のなかに維持し続けながら，子どもと面接室の中で一対一で向き合っていく，ということです。

さて，それではいったいどうすれば，そういった態度を自身の心理療法士としてのあり方として身につけ，根づかせていくことができるのでしょうか。こうした方向性を持って実際に心理療法を行っている先輩に，スーパーヴィジョンを受けるということも一つの方法でしょう。しかし，それは何よりも，自分自身が精神分析を受けてみるという体験を持つことに尽きるようにも思われます。実際，英国の子どもの精神分析的心理療法士になるためのトレーニングにおいても，この教育分析やスーパーヴィジョンに多くの比重

が置かれているということは，すでに前著でご紹介したとおりです。

　幅広い領域で試行錯誤を繰り返しながらも，他職種協働と他機関連携に積極的に乗り出している心理療法士たちですが，彼らも皆，同様にこうしたトレーニングを経て，自らのアイデンティティはどこにあるのか，自らの実践の基本は何なのか，ということを徹底的に身につけた後に，こうした「応用」へと幅を広げていっているのだということを，私たちは忘れてはならないと思うのです。

　本書で取り上げるテーマはかなり幅の広いものになっています。読者の方には関心のあるどの章からお読みいただいてもよいと思います。現在，あらゆる分野で活躍する臨床心理士の方々にとって，まずは，あらためて子どもの精神分析的心理療法の基本に立ち返りながらもそれらを応用するという視点において，本書が，どこか，何か，参考にしていただけるところがあれば幸いです。

著　者

目　次

はじめに　i

第Ⅰ部　児童養護施設における精神分析的心理療法 ── 1

第1章　児童養護施設における心理職の現状と課題……6
第1節　近畿圏内の児童養護施設における心理職の現状　8
第2節　スーパーヴィジョンに関する現状と課題　15
第3節　研修に関する現状と課題　18
第4節　今後の課題　20
第5節　心理職に求められる役割と限界　22
第6節　心理職の機関内外連携および他職種協働の可能性　25

　コラム①　英国の児童福祉制度(1)──子どもの保護のシステム　28

第2章　児童養護施設における精神分析的心理療法の実践……31
第1節　「いつ」行うのか　32
第2節　「どこで」行うのか　34
第3節　「どのように」行うのか　35

　コラム②　英国の児童福祉制度(2)──非政府組織　39

第3章 児童養護施設に勤務する心理療法担当職員のための，ディスカッション・グループの試み……………………41

第1節 ディスカッション・グループの実施手続き　42
第2節 ディスカッション・グループの実際　43
第3節 ディスカッション・グループ終了後の振り返り　46
第4節 今後の課題　48

　　コラム③　英国の児童福祉制度(3)――情緒障害児短期治療施設，マルベリー・ブッシュ・スクールにおける実践　54

第4章 里子として育てられる子ども，ピーターとの精神分析的心理療法をめぐる経験から……………………………63

第1節 ピーターとCAMHSクリニック　65
第2節 心理療法の経過　68
第3節 養子縁組の失敗　76

　　コラム④　英国の児童福祉制度(4)――里親制度　82

第Ⅱ部 子どもの精神分析的心理療法の応用 ──────── 85

第5章 親の精神保健上の問題に対する取り組み
── Parental Mental Health Project ……………………89

第1節 ロンドンのある公的精神保健クリニックにおけるプロジェクト
　　　──エドモンドの事例をめぐって　90
第2節 母子並行面接を進めていくことの困難さをめぐって　103
第3節 事例──親面接：ジルさんの場合　107

コラム⑤　政府主導による子育て支援プログラム
　　　——シュア・スタート：ある地域の実践例　118
コラム⑥　タビストック・クリニックにおける「アンダー5サービス」と
　　　その日本での応用　122

第6章　思春期・青年期へ発信する精神保健相談への入り口
——ロンドンのある公的精神保健クリニックにおけるプロジェクト「話すための場所」……… 125

第1節　事例①——短期介入と他機関連携：ルーシーの場合　127
第2節　事例②——緊急介入：スージーの場合　134
第3節　事例③——短期介入から長期の心理療法へ
　　　　　　：ヘレンの場合　136

コラム⑦　リービング・ケア　144

第Ⅲ部　心的外傷後ストレス障害と精神分析的心理療法
——レフュジー・セラピー・センターでの体験から —— 147

第7章　レフュジー・セラピー・センターにおける取り組みの実際
　……………………………………………………… 151

第1節　センターの構造　151
第2節　子ども・青年心理療法士が出会う主なクライエント群と
　　　よくある主訴　155
第3節　心理療法の実際　157

第 8 章　遠く離れて
——付添人のいない未成年難民との出会い……………170

　第 1 節　付添人のいない未成年難民との初めての出会い　172
　第 2 節　付添人のいない未成年難民の思春期と促進的環境　177
　第 3 節　コンテイナーとしての心理療法士の役割　181
　第 4 節　投影　183
　第 5 節　促進的環境の一部になること　194

参考文献　199
おわりに　204
索　引　209

第Ⅰ部
児童養護施設における精神分析的心理療法

本書の冒頭にあたるこの第Ⅰ部では，児童養護施設における心理職の役割や，心理療法の実践について考察します。私は，児童養護施設における子どもの精神分析的心理療法の実践も，基本的には前著『子どもの精神分析的心理療法の基本』で提示した諸々の事柄から大きくずれることはないと思っています。ただ，そこで提示した心理療法の実際は，あくまでもいわゆる外来モデルに基づくものであり，現在の日本の児童養護施設で行われている心理療法の実践には，そこからの若干の応用が求められるとは思います。

　まず第1章では，私が2009年4月から7月にかけて行った，近畿圏内の児童養護施設[*1]に勤務する心理職の状況に関する調査について，まとめています。

　2008年4月以降，日本での活動を再開した私は，児童養護施設に勤務する多くの心理職や生活職員の方々と，スーパーヴィジョンや研修会等を通じて出会ってきました。私が渡英前に児童相談所の心理職として仕事をしていた頃は，児童養護施設に心理職の配置はなされておらず，施設に入所している子どもの心のケアに関しては，もっぱら施設から児童相談所まで"通所"してもらうしか，対応ができていませんでした。

　当時は私も，積極的にこうした子どもたちの心理療法に取り組んでいたつもりではありましたが，子どもが施設から児童相談所まで自力で通うのは，よほど施設と相談所の距離が近くない限り，ほぼ不可能です。そうなると，必然的に施設の担当職員の方に子どもの送迎をお願いしなければならなくなるわけですが，これは送迎を担当する職員にとっても，また施設の生活全般を動かしていかねばならないほかのすべての職員にとっても，かなり負担が大きいことです。そのようななかで，いたしかたなく，予定していたセッションが直前にキャンセルになることも稀ではありませんでした。ただ，これが1990年代半ば頃までの限界でもあり，そこで最善を尽くしたなかでのケアであったと思います。

　ところが，それから20年余りの月日が流れた現在では，多くの児童養護施設に子どもの心のケアを担当するための専門の心理職が配置されるように

[*1]　大阪府，大阪市，堺市，兵庫県，神戸市，京都府，京都市，滋賀県，奈良県，和歌山県の10都道府県および政令指定都市が管轄する，児童福祉法に定められた計94の児童養護施設。

なり，少なくとも心理療法を受けるために子どもたちが職員の送迎で児童相談所まで通うという負担は，大幅に軽減されたことと思います。とはいえ，私が折に触れて聞くことになったのは，次のような実情でした。児童養護施設に勤務する心理職や，心理職を配置している施設の状況は，それぞれの心理職や施設により実に多様なものであるということ，そして，そのなかで両者とも戸惑いを隠しきれないでいるということです。そこで，私自身の仕事のベースとなる近畿圏に限ってではありますが，第1章でご紹介するような調査を実施したという経緯があります。

続く第2章は，「児童養護施設における精神分析的心理療法の実践」と題し，まさに外来モデルとは異なる，生活場面における心理療法の実践の基本についてまとめています。こうした実践に関しては，本書の読者のなかでも賛否が分かれるところかもしれません。しかし，児童養護施設という環境のなかで，一人ひとりの子どもと真剣に向き合っていこうとするには，子どもの精神分析的心理療法が提示する枠組みに，子どもと心理療法士の双方が支えられるということは，やはり確かであると思います。私個人が知る近畿圏内の児童養護施設においても，実際にこうしたモデルに基づいて子どもの心理療法を実践するところは少しずつではありますが確実に増えてきています。そして，こうした取り組みを行う心理療法士自身が，心理療法のなかに確かな手ごたえを感じているものと思われます。

第3章においては，第1章で提示した調査をもとに，児童養護施設に勤務する心理職のために行ったディスカッション・グループについて紹介しています。このグループは，"児童養護施設に勤務する心理職のための研修会"といった大きなテーマこそ掲げられてはいるものの，ほかにはあえて具体的なテーマや課題を設定しない形で行われたものです。参加者にとっての共通項は，「児童養護施設に勤務する心理職である」という点のみです。そのなかで，参加者が自由に討論するという体験の場としての機能も，重視したものでした。

こうしたディスカッション・グループは，もしかするとまだ日本ではなじみが薄いものかもしれません。グループで何を達成したのかということも，参加者個々人の体験にゆだねられることになります。グループの終了直後に

は感じられたり考えたりできなかったことが，時間を経て，自らのなかで考えられる要素に変容していくという体験を持たれた参加者が，一人でも多くおられたことを願っています。

　最後の第4章では，事例を提示しています。ただ，これは児童養護施設に入所している子どもの心理療法の事例ではなく，里親宅で生活をする子ども，ピーターとの精神分析的心理療法をめぐる関わりの過程です。むろん，児童養護施設での生活と里親家庭での生活では，その生活の実際はかなり異なるものですが，いずれにせよ，そうした子どもたちが原家族と共に暮らせないという理由を，幼い心に背負っているという点は，共通しているといえるでしょう。

　彼らは，彼らのことを受け入れ，彼らの声を聞く用意のある他者に向かって，何とも耐え難く，話すことも考えることもできないような感情を投げ入れてきます。ここには，コミュニケーションの非言語的なプロセスが，転移・逆転移という関係において強力に存在します (Hindle, 1996; Hopkins, 1986; Lanyado, 2004, 2006; Marsoni, 2006; Mendelsohn, 1997)。しかし，そこで子どもたちが同一化でき，「取り入れる」ことができるように，これらのコミュニケーションを体験し，観察し，考え，コンテインする治療者の能力 (Bion, 1962) こそが，こうした子どもたちとの治療過程においては要になるといえるでしょう。そして，これらに関連して起こってくるさまざまな問題には，まさに洋の東西を問わない困難さがあることを，この事例を通して少しでもおわかりいただけたらと思います。

　また，この事例からは，第4章後の「コラム④」でもご紹介しますように，決して素晴らしいばかりではない里親制度の，いわゆる影の部分に目を向けざるを得なくなるのも事実です。私は今でも，このピーターのことを思い出すにつけ，当時，私たちピーターの周りにいた大人が，皆でピーターの人生の歯車を狂わせ続けてしまったのではないかという，持っていき場のない無力感に襲われてしまうことがあります。

　私たちは，時に逆転移のなかで，こうした子どもたちに対してさまざまな思いを抱くことになるでしょう。しかし，私たちは彼らの人生を，彼らの代わりに生きることはできません。私たちにできることは，ただ少しでも，彼

らが彼らの人生を生きることを支えるための何か，すなわち，心理療法における体験が確かな内的対象として内在化されることを提供するのを目指す，といったことなのかもしれないと考えています。

　また，この第Ⅰ部では「コラム①〜④」として，情緒障害児短期治療施設や里親制度の紹介など，英国における児童福祉制度についても紙面を割いています。これらが即，日本の児童福祉制度にそのまま活用できるとは思いませんし，それが決して望ましいことであるとも思いません。しかし，私たちが日本の子どもたちの現状について，日々の臨床実践について，ひと回り大きな枠の中で考える一つのきっかけになればと思い，これらを掲載しています。

第1章 児童養護施設における心理職の現状と課題*1

　2000年に児童虐待の防止等に関する法律（児童虐待防止法：法律第82号）が制定されて以来，各都道府県の児童相談所による児童虐待に関する相談および児童の保護件数は，急激な増加をみています。この増加は，法律の施行により，児童虐待の現状がより一般に広く認識されるようになったことが，理由の一つとして考えられます。また同時に，重篤な虐待の事例が，以前と比べて増加しているという現実もあります。

　こうして保護された子どもは，この法律の施行以前には情緒障害児短期治療施設など，心に傷を負った，あるいは心の発達につまずきを抱える子どもたちに対し，専門的に心理療法を行うことを目的とした施設に入所するのが主でした。しかし，こうした施設への入所定員はすでに限界を超えており，そこに入所できない子どもは，一般の児童養護施設に入所することになっていったのです。

　それまで一般の児童養護施設には，心理療法を行うシステムや心理職の配置が十分になされていなかったのですが，この児童虐待防止法の制定や，以下に述べる厚生労働省の方針の提示といった法整備に伴って，一般の児童養護施設にも心理職の配置が推進されるようになりました。

　そこで，私の活動の基盤である近畿圏内の，一般の児童養護施設における心理職の配置状況，および業務の内容に関する状況調査を行い，今後の課題

---

*1　この第1章は，2009年度大阪経済大学特別研究費を受けて行った研究について，『大阪経大論集』第60巻第5号，および第60巻第6号にて報告したものに，加筆修正を加えたものである（鵜飼，2010a，2010b）。

について検討することにしました。

　厚生労働省は，2001年，「母子生活支援施設における夫等からの暴力を受けた母子及び被虐待児等に対する適切な処遇体制の確保について」(雇児発第508号) により，母子生活支援施設における，DV被害を受けた母子[*2]や被虐待児に対する心のケアを行う心理療法担当職員の資格や，運営基準等を定める通知を出しました。また，続く2004年には，児童福祉施設（児童自立支援施設，児童養護施設，乳児院，および母子生活支援施設）を対象に，心理療法担当の常勤職員を大幅に増員する方針を定めました。

　これは具体的には，近年，虐待などの理由により，こうした施設に入所する子どもの増加に伴い，心理療法を必要とする子どもが多くなってきているため，心理療法が必要であると認められた子どもが10名以上入所していることを基準に，児童養護施設[*3]に心理療法担当（以下，心理職）の常勤職員1名を配置し，その運営費に人件費分を加算する，というものです。

　しかし，すでにその当時，児童自立支援施設や児童養護施設などの入所児童のうち，被虐待児の占める割合は非常に高く，多くの施設がこの基準を満たすことになるであろうと考えられていました。そして，児童福祉施設に心理職を配置する趣旨として，厚生労働省は「虐待等による心的外傷のため心理療法を必要とする児童に，遊戯療法やカウンセリング等の心理療法を実施し，児童の安心感・安全感の再形成及び人間関係の修正等を図り，心的外傷を治癒することにより，児童の自立を支援することを目的とする」と明記しています。

　このほか，2006年度から，虐待した親への心理療法（家族療法）を導入する児童養護施設や児童自立支援施設も出てきており，各施設に1名配置される専任職員（非常勤）とともに，親の心理的なケアを図る取り組みも始まったとされています。

　それでは，以下の第1節から第4節において，2009年度当初の近畿圏内

---

*2　子どもが直接，身体的あるいは性的虐待を受けなくても，母親やきょうだいがそうした暴力を受けているのを目撃することも，「虐待」であると見なされるようになった。

*3　各都道府県知事が各年度ごとに指定する。大阪府では，2005年度までは国からの予算に上乗せする形で各児童養護施設に加算補助を行っていたが，2006年度以降は，国からの予算に一本化されるようになった。

における児童養護施設に勤務する心理職の現状について，アンケート調査の結果の概要をまとめます。

第1節　近畿圏内の児童養護施設における心理職の現状[*4]

1．心理職の配置状況

　近畿圏内の全94の児童養護施設のうち，47の施設より回答が得られ，そのうち38の施設で心理職の配置がなされている，という結果が得られました。一方，現在は心理職を配置していないと回答した9の施設のうち6の施設が，今後，心理職の配置を予定，あるいは検討しているとの回答でした。また，複数名の心理職が勤務している施設もありました（表1-1，表1-2，表1-3）。

　同時に，47の施設に配置されている心理職70名より回答が得られました。そのうち臨床心理士の有資格者は，51名でした。

　アンケートの回収率は決して高くはありませんでしたが，ここでは心理職を配置していない施設が回答をしなかったのではないか，という状況が推察されます。これは，アンケート用紙を受け取った際，「うちの施設では心理

表1-1　心理職の配置状況①

心理職の配置	施設数
あり	38(カ所)
なし	9
「なし」のうち，今後配置の予定	6

表1-2　心理職の配置状況②

常勤のみ	17(カ所)
非常勤のみ	14
常勤と非常勤の併用	7

表1-3　心理職の配置状況③

常勤1名	22(カ所)
常勤2名	2
非常勤1名	7
非常勤2名	3
非常勤3名以上	10

[*4]　「児童養護施設における施設心理士導入の実際——東日本における施設心理士導入の現状」（高橋・黒田，2010）では，2009年12月～2010年3月の間に，北海道から中部地方の24都道県の，合計327の児童養護施設に電話による聞き取り調査を行っている。306の施設から回答が得られ，結果は右表のようになっている。

	常勤	非常勤
臨床心理士	45人	159人
臨床心理士以外	89人	102人

職を配置しておりませんので，ご協力できません」といったお電話をくだ
さった施設があったことからも，考えられる状況です。また，回答の得られ
なかった施設が，心理職の配置に対して消極的である可能性も考えられるで
しょう。

2. 心理職の職務内容

　それでは次に，70名の心理職から得られた職務に関する実情について，
まとめます。

　児童養護施設に勤務し，子どもたちの心理療法やアセスメントを主な業務
とする心理職が，その同じ子どもたちの直接処遇に関わることの是非につい
ては，常に議論が分かれるところではないでしょうか。私は，そうした議論
のなかでも，心理職が心理療法やアセスメントに従事する限りにおいては，
その職域と，直接処遇による子どもたちへの関わりという職域とは，しっか
りと区別されているべきであるという立場をとります。これは，施設内で
あっても，大人の役割にしっかりとした境界があることを子どもたちに示す
ことが，特に世代間の役割の境界が曖昧ななかで生活をしてきたと考えられ
る子どもたちにとっては，治療的に必要な姿勢の一つであると考えるからで
す。

　こうした私の立場から考えると，心理職でありながらも児童の直接処遇に
関わっている者が全体の約11％であったという今回の結果（表1-4①）は，
むしろ安堵できるものであったといえます。これは同時に，児童養護施設の

表1-4　心理職の職務内容（複数回答）

①入所児童に直接関わるもの，および入所児童の家族に関わるもの

心理療法	アセスメント(心理検査など)	直接処遇	家族との面会等	その他
36名	20名	8名(うち夜勤を含むもの5名)	10名	5名

②施設職員らとの協働に関するもの

施設職員とのケースカンファレンス	子どもの通う学校等との連携	措置機関との連携	その他
37名	22名	32名	5名

なかで，心理療法等，心理職の特性と専門性を生かした関わりのできる職員の存在が認められ，単に直接処遇の職員の人数の不足を補うため，補助的な役割として心理職の存在が考えられているのではないということの証でもあると考えられるでしょう。

次に，施設職員とのケースカンファレンスをはじめ，子どもを取り巻く関係諸機関，すなわち，学校や措置機関等との連携に関わる心理職も多い，という実態が明らかになっています（表1-4②）。

子どもの心理療法を進めていくうえで，子どもが日々生活する場で直接子どもと関わり，子どもがさまざまな場面で見せるさまざまな顔について熟知している施設職員とのカンファレンスは，最も大切な心理職の他職種との協働の一つであるといえるでしょう。今回のアンケート調査の結果からは，このような職員とのカンファレンスを行っている心理職は37名で，これは全体の半数以上に及ぶ数字です。

また，子どもが通う学校や措置機関等との連携も，それぞれ22名と32名という結果になっています。学校は，施設という日常生活場面に次いで，子どもたちが多くの時間を過ごし，さまざまな顔を見せる場です。心理療法が有機的に作用するためには，そうした学校との連携も欠かせないものであるといえるでしょう。

これは，同様に措置機関についてもいえることです。措置機関は，子どもの施設入所まではその子どもと家族に密に関わり，入所後はその関わりは質量ともに少なくなってしまうのが，一般的な傾向だといえるでしょう。ただし，子どもの措置状況に何らかの変更を加える必要があるときや，子どもの原家族に何らかの変化があるようなときには，再び子どもや施設に対する措置機関の関わりは増します。そのような際には，子どもの施設での暮らしぶりといったものが，措置機関の大切な情報源の一つとなります。

施設において心理療法等の専門的な立場から子どもと関わる心理職が，生活場面で子どもと関わる職員とは違った視点から，子どもに関する理解を施設の職員とともに措置機関に伝え，今後の処遇について共に検討する場面に参加することは，何よりもその子どもにとって必要とされる協働体制であるといえましょう。

一方，職務内容の「その他」の具体的な例としては，数としては少ないですが，職員に対するメンタルケアや研修会等の実施，施設内で子どもが自由に出入りできる場の開放など，学校でのスクールカウンセラーの役割と類似する業務が挙げられていました。これはある意味で，学校におけるスクールカウンセラーの位置づけや役割と同様に，児童養護施設における心理職の位置づけや役割が，より明確になってきていることの一つの表れではないかと考えられます。

3. 臨床心理士の資格の有無

　臨床心理士の有資格者は，今回，回答が得られた全心理職 70 名のうち 51 名でした（表 1-5）。また，臨床心理士を目指す大学院生および大学院を修了して臨床心理士の資格取得を目指す者を含めると，この割合はさらに増えます。これは，児童養護施設が心理職を採用する際に，「臨床心理士の有資格者」あるいは「資格取得見込みの者」という条件をつけていることが多いためではないかと考えられます。

4. 勤務（雇用）形態

　それぞれの勤務（雇用）形態は，常勤が 24 名で，非常勤が 46 名でした。非常勤従事者の児童養護施設以外の臨床領域は，一般の臨床心理士と同様に，医療や教育関連など，幅広い領域にわたっていることがわかりました（表 1-6）。

　さて，66％の臨床心理士が非常勤雇用であるという結果は，臨床心理士としてのキャリアを考えるうえでも，また児童養護施設におけるより積極的な関わりを行うという視点からも，憂慮すべきものだと思われます。筆者の周辺では，臨床心理士を目指す大学院生が，大学院の「学外実習」の一環と

表 1-5　心理専門職員としての資格（複数回答）

臨床心理士	大学院生	大学院修了後, 臨床心理士の資格は未取得	その他	なし	無回答
51 名	15 名	7 名	13 名	1 名	1 名

表1-6 非常勤従事者のその他の勤務先（複数回答）

他の児童養護施設	5(名)
スクールカウンセラー	21
病院・医院	14
大学学生相談室	5
大学（専門学校）講師	5
教育センター	4
保健所	3
療育施設	3
私設相談室	2
その他	2
なし	6

表1-7 表1-6における「病院・医院」の診療科内訳（複数回答）

精神科	7（名）
心療内科	3
小児科	1
発達小児科	1
小児神経科	1
婦人科	1
リハビリ科	1
皮膚科	1

して児童養護施設に関わるようになり，後に「非常勤」という身分でそのまま同施設に「採用」されることが，現実に起こっています。この結果は，それと同様のことが，広範にわたって起こっている可能性が明らかになったものだと考えられるものかもしれません。

　ここでは心理職が非常勤でありながらも，いかに児童養護施設の内部と外部（学校や措置機関等）の両方において，子どもを取り巻くチームの一員として，連携・協働を行っていくことができるのか，ということが課題として挙げられるでしょう。

　今回の調査結果から，職員とのケースカンファレンスの機会（機関内連携）とともに，学校や措置機関等との連携の機会（他機関連携）を持つことが比較的多く行われている（表1-4②）のは，喜ばしいことだといえます。一方で，こうした業務に特有の守秘義務や個人情報開示等の問題から，非常勤従事者という身分が理由で，機関内外の連携に十分に参加できない立場にいる心理職も，少なからず存在するということを耳にすることがあるのも事実です。たとえ身分は非常勤であっても，常勤の心理職と同様に，子どもの心のケアに関わっている一職員であるという立場で機関内外の連携にたずさわる

ことは，心理職の重要な職務の一つであることに変わりはありません。施設や関係諸機関が，心理職の参加が子どものより良いケアに資することになるという認識を持つことで，この点での改善が図られていくことが望まれます。

さて，表1-6および表1-7に示した結果からもわかるように，非常勤で児童養護施設に勤務する心理職の児童養護施設以外の勤務先は，多岐にわたっています。こうした幅広い領域での臨床経験が，児童養護施設での臨床および施設内外における連携・協働にプラスに生かされることが，大いに期待されるといえるでしょう。

5．勤務年数

最後に，こうした心理職の児童養護施設での勤務の定着率を示す一つの指針になると考えられる，勤務年数について記します。

継続勤務年数が3年を上回る者が37名と，半数以上を占める結果になっています。これは，私が予想していた数字を，はるかに上回る結果でした（表1-8）。

一般に，児童養護施設における心理療法の実践には，困難が伴うことが多いとされています。それは，こうした施設で暮らす実に多くの子どもたちが被虐待児であることから，心理療法士が子どもと面接室で一対一で対峙する際に，かなり複雑な転移や逆転移の問題が起こってくることが予測されるからです。これは，子どもによる心理療法士への暴言や暴力，あるいは心理療法における枠組みの守れなさなどによって，行動に移されます。そして，心理療法士は無力感や不全感に陥り，自信をなくしてしまうこともめずらしくありません。

このような困難な心理療法が支えられるためには，心理療法に伴う特有の

表1-8 アンケートに回答している児童養護施設における勤務年数

〜半年	〜1年	〜2年	〜3年	3年以上
15名	2名	7名	9名	37名

困難さについて，施設の職員や，子どもが通う幼稚園や学校の教師らの，深い理解が求められるのです。つまり，心理職が児童養護施設という場の心理療法を通じて出会う子どもたちは，心理職が一人で対峙していても，それだけでは解決に結びつかない，非常に複雑な問題を抱える子どもたちであるということなのです。だからこそ，子どもに日々直接関わる施設の職員や，学校等の関係者らとの協働なくしては，児童養護施設における心理療法は成り立たないといっても過言ではないのです。

　この協働のリズムがより有機的に機能するためには，心理職は，子どもへの心理療法やアセスメントのみに従事していればよいというわけではありません。むしろ，積極的に子どもを取り巻く環境への働きかけを行うこと，すなわち施設の職員や学校関係者らとの協働関係を結んでいくことが，必要かつ不可欠なのです。そのためにはやはり，できる限り心理職が，その施設の，その子どもを取り巻くチームの一員として，自らも自覚を持ち，また周囲からもそう認識されるに足るだけの存在になっていかねばならないといえます。これには，時間を要することはいうまでもありません。

　今回のアンケート調査で得られた回答から，多くの心理職が，現在のところ，3年以上の長きにわたって同一の施設での勤務に従事している実態が浮かび上がりました。この結果は，今後，児童養護施設における心理職の活躍の幅の広がりと奥行きの深さを育てていくうえで，大きな希望になると感じられるものです。とはいえ，いくら勤務年数が長くとも，その勤務体制が非常勤であっては，自ずと勤務時間数や業務内容にも限界が生じてくることは避けられず，これは，今後の児童養護施設における心理職の勤務体制に関する，課題の一つであるといえるでしょう。

　一方，勤務期間が半年未満の者も15名，全体の約21％を占めていましたが，今回のアンケート調査の開始時期がちょうど新年度早々にあたっていたことから，新たに児童養護施設での勤務を開始した心理職（大学院生や大学院修了生）がこれだけの数，存在しているということであろうと推察されます。彼らにとっては，始まったばかりの児童養護施設での仕事の経験が，今後の自身の心理職としてのあり方にも，直接影響を及ぼすことになると思われます。だからこそ，スーパーヴィジョンや研修の機会は，不可欠であると

いえるでしょう。
　次節以降では，そうした視点から，児童養護施設における心理職のスーパーヴィジョンや研修の状況について明らかにし，今後の課題を探っていきたいと考えています。

第 2 節　スーパーヴィジョンに関する現状と課題

　わが国の大学院における臨床心理士養成課程では，大学院生は，大学付属の心理臨床センター等で担当する事例をはじめ，大学外の実習機関等での体験や，そこで担当する事例に関するスーパーヴィジョンを，原則的に週 1 回程度，受けることが義務づけられているところが大半ではないかと思われます。
　これは，ひとつには，本来ならば臨床心理士が担当する心理療法や心理テスト等の専門的業務について，臨床心理士の資格を持たない大学院生が実際に担当しながら学ぶ（実習）うえで，利用者やその家族に支障をきたすことのないようスーパーヴァイザーが指導を行う，という倫理的な配慮の意味合いを持っています。同時に，大学院生が利用者とその家族についてより良く理解し，その継続的な相談業務に役立てていくために，スーパーヴァイザーがより俯瞰的な視点から，舵とりやその方向づけを助ける機能を担う，という非常に重要な側面もあります。
　また，スーパーヴィジョンは，大学院を修了して臨床心理士の資格を得たからといって，即，必要がなくなるといった性質のものではありません。特に初心の臨床心理士にとっては，担当する事例についてスーパーヴァイザーからの第三者的な視点を取り入れながら，理解を深めつつ事例にあたっていくという姿勢が大切でしょう。つまり，臨床心理士としての専門性を高め，成長していくうえで，スーパーヴィジョンは不可欠なものであるといえるのです。
　このことは特に，私たち自身の心理的な問題や課題が刺激されやすい環境にあるという臨床心理士の仕事の性質上，なおさら強調されてしかるべき事柄であると思われます。

表 1-9 児童養護施設における職務に関するスーパーヴィジョン

受けている	受けて いない	現在受けていない人の うち今後受ける予定あり	現在受けていない人の うち今後も受ける予定なし	無回答
53名	16名	5名	11名	1名

表 1-10 今後希望するスーパーヴィジョン（複数回答）

児童養護施設の状況をよく知るスーパーヴァイザーによる個人スーパーヴィジョン	5（名）
児童養護施設内の他職種スタッフと同時に行うグループ・スーパーヴィジョン	4
少人数のグループ・スーパーヴィジョン	3

　さて，こうしたスーパーヴィジョンに関する調査結果（表1-9）からは，頻度や形態に幅があるとはいえ，回答のあった心理職のうちの約83％が，スーパーヴィジョンを受けていることがわかります。ここからは，児童養護施設で仕事をする心理職の多くが，スーパーヴィジョンの必要性を感じているものであるといえるでしょう。

　また，スーパーヴィジョンを現在受けていない心理職のなかには，スーパーヴィジョンを受けたいと思ってはいるものの，「大学院の修了後に機会を失ってしまったままである」という回答（その理由に関する自由記述より）に代表されるように，日程や料金などの条件が合うスーパーヴァイザーがなかなか見つけられない，といった悩みが大きいようです。

　こうした，外的要因によると考えられるスーパーヴィジョンの機会の不足に関しては，今後の希望として挙げられている，「児童養護施設の状況をよく知るスーパーヴァイザーによるスーパーヴィジョン」（表1-10 参照）とともに，2001年の厚生労働省による，児童養護施設の心理専門職員の配置に関する「心理療法担当職員の資格や運営基準等を定める通知」（雇児発第508号）以降見られるようになってきた，新たな課題であるといえるでしょう。

　つまり，心のケアが必要だと考えられる子どもたちが生活する，児童養護施設等への心理職の配置は進んだものの，そこに勤務する心理職に対するスーパーヴィジョンの体制が十分に整備されないまま，次の課題として残されているのではないか，ということです。

子どもの心理療法に関してスーパーヴィジョンを行うことができる臨床心理士に関しては，たとえば各都道府県の臨床心理士会が中心となって取りまとめ公告する，あるいは，臨床心理士養成課程を持つ大学院が，修了生のアフターケアの一環としてスーパーヴァイザーの紹介を引き続き行うなど，現実的な取り組みとして可能であると考えられることがいくつか挙げられます。しかし，児童養護施設等に心理専門職員が配置されるという状況そのものがまだ歴史の浅いものであり，そこで現在仕事をする者が望むような「児童養護施設の状況をよく知るスーパーヴァイザーによるスーパーヴィジョン」が，実際にはどれだけ実現可能なのか，という問題は残らざるを得ないでしょう。児童養護施設に特化した，子どもの心理療法という取り組みそのものの蓄積が，現時点ではまだ浅いと言わざるを得ないからです。そしてこれは，この分野での実績を，現在活躍する臨床心理士自身が積み上げていくことでしか解消されないものかもしれません。

　たとえば医療分野における心理職の仕事は，実際に，長年にわたって培われてきた臨床心理士の歴史そのものであり，また，近年では，スクールカウンセリングという比較的新しい分野においても，臨床心理士の仕事の実績が積まれてきています。そこで，児童養護施設においても，こうした実践による知を蓄積していくことは，決して不可能なことではないといえるでしょう。

　また，「児童養護施設の状況をよく知るスーパーヴァイザーによるスーパーヴィジョン」と同じく，今後希望するスーパーヴィジョンに，「児童養護施設内の他職種スタッフと同時に行うグループ・スーパーヴィジョン」が挙げられています。この点に関しては，「第3節　研修に関する現状と課題」についての設問における「希望」の中に，「児童養護施設内の他職種との連携・協働・コンサルテーションに関すること」および「児童養護施設における心理士の役割に関すること」が圧倒的に多かったこととも関連すると考えられますので，次節でともに検討します。

表1-11　児童養護施設における
職務に関する研修

受けている	受けていない	無回答
48名	20名	2名

表1-12　現在受けている研修の内容（複数回答）

事例検討会	19（名）
児童養護施設に勤務する心理職のための研修会	15
児童福祉の専門機関による研修会	8
臨床心理士会関連の研修会	8
心理学・児童虐待関連の諸学会	6
児童虐待の専門機関による研修会	5
その他の専門的研修	12

第3節　研修に関する現状と課題

　研修の現状については，上の表1-11および表1-12のような回答が得られました。

　心理職にとって，児童養護施設という職場環境は，さまざまな事情を背景に持つ子どもたちが集団で生活をするという，いわゆる一般的な社会環境（子どもが家族のもとで生活しながら学校に通う）とは異なる状況にあるなかで，心理的な援助を行うというものです。

　そこには，そこで共に生活する職員が，子どもたちそれぞれが抱える葛藤に無意識のうちに巻き込まれることによって，日常的に多大なストレスがかかる状況があることが容易に推察されます。子どもたちの生活をサポートする職員にとっては，こうした子どもたち一人ひとりの持つニーズに応えたくても，現実の生活場面の安全かつスムーズな運営が優先されてしまいがちになるという，いたしかたない現実もあるでしょう。そうしたなかで，心理職の果たすべき役割とは何なのか，といったことを真剣に考えていきたいと苦

表 1-13　今後希望する研修の内容（複数回答）

児童養護施設内の他職種との連携・協働・コンサルテーションに関すること	18（名）
児童養護施設における心理職の役割に関すること	12
児童養護施設内で行う心理療法に関すること（含　事例検討会）	5
他の児童養護施設との合同研修会や情報交換など	5
心理検査・アセスメントに関すること	5
児童養護施設内での性的問題に関すること	4
他機関との連携・協働・コンサルテーションに関すること	3

闘している心理職の姿が，今回のアンケート調査の結果から浮き彫りになったといえます（表1-13）。

　これはたとえば，今後の研修として希望する内容に「児童養護施設内の他職種との連携・協働・コンサルテーションに関すること」および「児童養護施設における心理士の役割に関すること」が上位に挙がっていることに代表されるでしょう。また，これは，前節のスーパーヴィジョンに関して「児童養護施設内の他職種スタッフと同時に行うグループ・スーパーヴィジョン」として特に挙げられていたことと，その背景は同様のものであると考えられます。こうした施設内での他職種との連携・協働という課題は，そのまま「他機関との連携・協働・コンサルテーション」といった課題にも通じるものであるといえるでしょう。

　これらの点についても，先のスーパーヴィジョンにおける課題と同様に，多くの心理職が児童養護施設に配置されはしたものの，そこでの役割が，当の心理職はもとより，どれほど施設の職員全体に明確にされ，また理解されているのか，あるいはそういったことが不明確なままに数の配置ということのみが先行してしまっているという現状があるのではないか，といった課題が浮き彫りになった結果であるという見方ができるでしょう。そして，そのようななかで各児童養護施設に配置された心理職のなかに，「他の児童養護施設との合同研修会や情報交換など」の機会を求めることで，自らの「児童養護施設における心理職の役割」に関して考えていこうとする者が少なからず存在しているという現状がみてとれます。

つまり，児童養護施設で仕事をする心理職にとって，よりアクセスのしやすいスーパーヴィジョン体制の整備とともに，心理職の役割の明確化とそれをベースにしたうえでの，施設内外の他職種連携と協働に関して検討する場の整備が，早急に望まれる課題であるとまとめられるでしょう。

一方，「福祉・医療・司法など心理学の専門外の分野に関する」研修を希望する意見も少数ではありますが見られました。ここには，児童虐待問題はいうまでもなく，児童養護といったより広い視点から子どものウェルビーイングを考えていくときに，心理学的アセスメントや心理療法といった自らの専門分野にとどまることなく，より学際的な立場に立って，子どもたち一人ひとりが置かれた社会的状況について理解していくことの大切さを，児童養護施設に勤務している心理職がそれぞれの意識のなかに抱いている，ということが示されたものであると思われます。

第4節　今後の課題

臨床心理士を目指す大学院生の指導をするなかで，将来は児童養護施設で子どもたちの心のケアに取り組んでいきたいという，明確な希望を持つ学生と出会うことは少なくありません。また，児童養護施設に勤務する臨床心理士のスーパーヴィジョンに携わったり，児童養護施設が企画する職員のための事例検討会の講師を務めたり，複数の児童養護施設の生活指導職員と心理職とを同時に対象とする研修会の講師を務めることもあります。私はこれまで，そのような活動を通じて，個々の児童養護施設や心理職の現状についての理解を深めてきたといえます。

こうした活動のなかから見えてきたことは，児童養護施設における心理職の役割や状況は，施設によって大きく異なるということであり，心理職として児童養護施設に配置されたからといって，すべての者が同様の職場環境のもと，同様のスタートラインに立つことにはならないという実情です。

そこで，2001年の厚生労働省による心理療法担当職員の資格や運営基準を定める通知，および2004年に同省が打ち出した心理療法担当の常勤職員増員の方針が，具体的にはどの程度の実施をみているのか，私の活動の拠点

である近畿圏内の児童養護施設における実態を明らかにすることを主な目的に，本調査を行ったのです。ここでは，心理職として配置されている人たちの資格や勤務状況の実態といった，配置の具体的かつ実際的な状況について明らかにしようと試みました。

また，そうした心理職が児童養護施設において職務を遂行するうえでの現状の課題により近づくため，スーパーヴィジョンおよび研修の実情を明らかにすることを目指しました。ここで明らかになったことを，児童養護施設において，今後よりいっそう心理職が活躍していくために必要なことは何なのかを模索するための一検討素材としたいという思いがあったのです。

今回の調査から，現在，児童養護施設に勤務する心理職が最も必要としていると考えられるのは，①「児童養護施設における心理職の役割の明確化」でしょう。そして，その役割について，心理職と施設内の他の職員が共通理解を持ったうえでこそ，心理職が，②「児童養護施設内の他職種との連携・協働・コンサルテーション」をより有効に果たすことができる可能性について，考えることができるようになるのではないでしょうか。

各児童養護施設には，それぞれに特有の問題や課題があることは言うまでもありません。それを超えて，一概に心理職の児童養護施設における役割について論じることは不可能です。しかし，個々の施設において，それぞれの施設の特徴を鑑みながら，その施設に特有の心理職の果たすべき役割について模索していくことが，早急に求められているといえるでしょう。まずは，この基本的な役割といった部分が明確にされてこそ，あるいはそれが明確になることで，他職種との連携・協働・コンサルテーションのあり方も自ずと明らかになってくるといえるのかもしれません。

そもそもコンサルテーションとは，子どもたちの生活面におけるケアや心理療法がより効果的に機能するための基本的な責任を担う職員が，自らの持てる力を最大限に発揮できるようにするために，特に重要であると考えられています（Wilson, 2003; Horne & Lanyado, 2009）。これは，子どもから受ける情緒的なインパクト（行動や態度に挑発されたり途方に暮れたりすること，また，そのときに生じる自らの反応に困惑したり驚かされたりすること）について考えたり，子どもの言動についての疑問や，最善の対処法に関する不確かさ

について，職員が自らの観察や経験からより明確に考え，さらに理解を進められるようにする，つまり職員が自分たちの仕事について振り返る機会なのです（Wilson, 2009; Horne & Lanyado, 2009）。

すなわち，コンサルテーションによって，職員自身が自らの忍耐力の限界を知り，より広い視野を得ることで，子どもの要求や挑発に，微妙な形で，しかし強く影響されていることに気づく機会を得ることが，何よりも大切なことだといえるのではないでしょうか。

また，本アンケート調査の回答には，現在は心理職の配置がなされていないものの，今後は配置の予定であるという施設が，6施設ありました。これらの施設にとっては，こうした心理職が抱える課題を十分に理解したうえで，緩やかにその配置の準備を進めていく必要があるといえるでしょう。

第5節　心理職に求められる役割と限界*5

2000年の児童虐待防止法の制定に続いて，厚生労働省は2004年に，児童福祉施設を対象に，心理療法担当の常勤職員を大幅に増員する方針を定めています。こうした政策により，情緒障害児短期治療施設における常勤心理職員の数は確実に増加しました。同時に，近畿圏内に限ってみても，虐待などを受けたために心のケアを必要とする子どもが入所する児童養護施設への心理職の配置が増加しています（第1節）。

ただし，厚生労働省の方針には，心理療法を担当する職員の資格や研修の制度，および，心理療法担当の職員が児童養護施設のなかで，実際にどのような役割を持って子どもたちの心のケアに関わるのかといった具体的な事柄は，示されていません。第1節から第4節では，こうした具体案が提示されないままに心理職の配置が進んだことも一因であると考えられる，現場の

＊5　第5節および第6節は，平成21年度厚生労働科学研究費補助金（政策科学総合研究事業 政策科学推進研究事業）報告書『子ども家庭福祉分野における家族支援のあり方に関する総合的研究』において，筆者が分担執筆した「児童養護施設入所後の子どもの心のケア」（鵜飼, 2010c）を加筆・修正したものである。筆者が所属した研究班は，特に性的虐待とそのケアに焦点をしぼったものであったため，本文中にも特に性的虐待という言葉が用いられている箇所がある。

混乱がうかがえるような、アンケート調査の結果についてまとめました。そこで明らかになった混乱は以下のとおり、その専門性に関わる事柄でした。
　たとえば、その専門性の不明確さです。「心理療法担当職員」として配置された職員の多くが、臨床心理士の有資格者および資格取得を目指す者である一方で、臨床心理学的援助を専門的に学んでいない者や、保育士や看護師等、臨床心理学以外の領域を専門とする者も、「心理療法担当職員」というくくりのなかで採用されている場合があります。
　そしてこれは、心理職の役割の曖昧さにも通じる事柄だと考えられます。心理療法やアセスメントなどを通じて子どもの心のケアに関わったり、施設の職員や関係諸機関との協働に積極的に関与したりするといった、臨床心理学の知見をベースに活躍する者がいる一方で、子どもの心理療法に携わりながら、生活職員と同様に、子どもたちの生活場面での具体的かつ現実的な援助にも関わっている者もいます。ここには、「心理療法担当職員」として採用するものの、児童養護施設のなかで、実際にどのような役割をとればよいのかという具体的な指針が示されていないことから、心理療法担当職員と雇用する施設側の双方に、混乱が起きていることがうかがわれます。
　こうした現場の混乱は、そこで生活しながら心理療法を受ける子どもたちの混乱をも助長することになるのは明白です。それでは、こうした現場の混乱は、具体的にはどのようにすれば解消できるのでしょうか。
　まず「心理療法担当職員」として採用はされても、それぞれの資格や学問・訓練の背景が必ずしも同一ではないことがあるという点についてです。少なくとも「心理療法」を担当する職員であるというからには、最低でも、その心理療法の学問的支柱となる「臨床心理学」を専門的に学んだ、といえる者である必要があるのではないでしょうか。まずはこのあたりの、いわば「心理療法担当職員」にとっての「最低基準」のようなものが検討されてしかるべきであるといえるでしょう。
　次に、「心理療法担当職員」の児童養護施設における役割の明確化、という問題です。ここには、言うまでもなく、心のケアを必要とする子どもたちの「心理療法」を担当する、という明白な役割が与えられているのですが、その子どもたちの心理療法を担当する者が、同時に、その同じ子どもたちが

生活をする場面に入って，彼らの日常生活をサポートする役割をとるといったことの是非については，かなり慎重に議論を要するものであるといえるでしょう。本来，心理療法ということの意味を考えると，心理療法の営みと日常生活における営みは，明確に区別されているべきものです。つまり，心理療法を担当する者が，生活場面では「生活指導員」という別の役割を持って子どもたちの目の前に現れるのは，望ましくないのです。

現在，児童養護施設で生活する子どもたちの多くは，虐待を受けた体験を持つ子どもたちです。特に，親（近親者など身近な大人も含む）から性的虐待を受けた子どもたちにとっては，親と子どもという役割の境界を親の側から侵されるという体験をしているわけです。つまり，こうした子どもたちは，虐待を受けた体験のない子どもたちと比べるまでもなく，大人の役割，あるいは親というものの役割に対して，すでに多大な混乱を来していることは想像に難くないでしょう。

そうした背景を持つ子どもたちにとって，新たな生活の場である児童養護施設が安全で守られた空間であるためには，その施設で共に生活する大人たちのなかに，まず，はっきりとした役割の明確化があることが何よりも必要なのです。つまり，具体的な形をとって，「生活場面でさまざまなケアとサポートをしてくれる大人」と，そのようなものがいっさい排除された設定のなかで「心理療法を担当してくれる大人」との間に，明確な線引きと役割分担が提示されることが，こうした子どもたちの生活場面における環境療法の主要な一環となるのです。

この環境療法という言葉は，施設という生活場面全体を一つの治療空間としてとらえ，職員が一丸となって子どもたちに治療的な環境を提供しようという理念であり，これは決して，心理療法を担当する者も生活場面に入って，他の職員とともに子どもたちの生活に関わっていこうという理念ではないのです。まずは，生活環境における大人たちそれぞれの明確な役割の提示と，それが侵されることなくしっかりと守られているという安心感を子どもたちが抱くことができてこそ，はじめて，心理療法も有効に機能するようになり，生活場面全体が治療的に，有機的に，機能するようになるといえるのです。

ただし，ここで誤解のないように付け加えておきたいのは，心理療法の担当者が，子どもたちの生活場面に直接関わらないということが，子どもたちの生活に直接関わる職員や，子どもたちの生活を取り巻くその他の大人たち，つまり学校関係者や措置機関，あるいは子どもたちの家族との関わりをいっさい持たないということを意味するものではない，ということです。心理療法担当者は，むしろ積極的に，子どもを取り巻く人々や環境と関わりを持っていくべきなのです。

こうした，外側でのつながりを心理療法担当者がしっかりと持つこと，すなわち，子どもの生活を全体として抱える役割の一端を心理療法担当者が担ってこそ，心理療法の内側での子どもの成長がより促進されることになるのです。この点に関しては，第2章でより具体的に検討します。

第6節　心理職の機関内外連携および他職種協働の可能性

このように，児童養護施設における心理療法担当職員の役割が不明確なままであることは，施設内の生活職員や施設の子どもたちが通う幼稚園や学校の教員，そして措置機関のケースワーカーらとの連携をいかに行っていけばよいのかがわからない，といった困惑を導くものであると考えられます。

しかし，こうした事柄も，施設内での心理療法に従事するという明確な役割意識と専門性をもってすれば，自ずと解消されてくる面があるのではないかと思われます。具体的には，心理療法の担当職員は，以下のような場面で，施設内外の他職種専門家との協働が必要とされるのではないでしょうか。

(1)　心理療法開始前の施設全体のケースカンファレンス
(2)　心理療法開始後の生活担当職員との定期的な振り返り面接
(3)　心理療法終結に向けての施設全体でのケースカンファレンス
(4)　心理療法終結後のフォローアップ

これらの心理療法をめぐるカンファレンスを核に，必要に応じて，その子

どもと家族に関するケース会議等にも積極的に参加し，心理療法との関わりのなかで見えてきた子どもについての見解を述べること，またそれを通じて，子どものより良い処遇を検討するメンバーの一員として有機的に機能することが，児童養護施設に勤務する心理療法担当職員に求められる他職種との連携のあり方のひとつであるといえるでしょう。これらは，施設内外の他職種に対して，心理療法の意味や，心理療法士の視点から子どもについての理解を伝える絶好の機会になるのです。

　施設によっては，心理療法担当職員が，施設内の他職種に対して研修を行うことを求められることもあるようです（第１節）。しかし，「研修」として何か特別のことをしなくても，こうした具体的なケースについての討議を通じて心理療法士の視点を提供することこそが，他職種の者にとっては十分な「研修」の機会になるのではないかと思われます。

　このほか，児童養護施設に勤務する心理職に求められる仕事として，施設職員のメンタルヘルスケアといったことも，少数ですが挙げられています（第１節）。これももちろん，重要な事柄ではあります。しかし，同じ職場で同僚として勤務する者が，そこにどれほどこの役割を担うことができるのかには疑問が残ります。これは，児童養護施設のなかで子どもの心理療法を担当する者が，同時に子どもの生活指導には関わらないほうがよい，という趣旨にも通じる考え方です。しかし，ここでは，職員のメンタルヘルスケアは，外部に依頼する形をとったほうがよいのではないか，という示唆にとどめておきます[*6]。

　親からの虐待，特に性的虐待といった体験を持ち，心に傷を負った子どもたちに対する専門的な心理療法などの心のケアは，子どもたちが自らの体験を消化しながらその後の人生をより良く生きていくために，将来的な子どもの独立や，あるいは家庭復帰の際の支えになることをも含めて，必要であることを否定する人はいないでしょう。これは同時に，子どもたちが生活する施設のなかで心理療法を担当する職員にとっても，多大な心的負荷のかかる

[*6]　たとえば英国では，さまざまな入所型施設や病院などにおいて対人援助職に就く者を対象に，外部からグループ・セラピストを招いて，定期的なグループ・ディスカッションを行っていることが珍しくない。

作業であり，単なる人的配置のみでは解消されないデリケートな課題を多く含むものでもあります。

これまで示してきた調査結果を参考に，私自身，心理療法を専門とする一臨床心理士という立場から，特に以下の2点についての必要性を強調したいと思います。

(1) 児童養護施設において心理療法担当職員を配置する際の，資格等の「最低基準」の設置の必要性。
(2) 心理療法担当職員の児童養護施設内での役割の明確化。

以上，第1章では，児童養護施設に入所する子どもの心のケアに関して，現状の課題を明らかにするとともに，それらについて検討しました。

コラム①*¹

英国の児童福祉制度（1）──子どもの保護のシステム

　ここでは，英国の子どもの保護のシステムについて，簡単にまとめておきます。

　英国では，1980年代頃より，深刻な児童虐待事件が発生するたびに，子どもの保護のシステムや法律が書き換えられてきました。近年では，2003年のヴィクトリア・クリンビエ事件がそうでしょう。こうした悲しい事件が起こるたびに，関係者間で反省し，話し合われてきた主なテーマは，「他機関連携」です。つまり，関係諸機関相互の情報の共有や協働が不足していたために事件が起きたという指摘と反省，以後はこの点を強化していくべきである，という政策の強調です。クリンビエ事件をきっかけに，この他機関連携に関して，より具体的かつ抜本的ともいえる改革が行われました。それは，これまで縦割り組織であった子ども保健・教育・福祉の各領域の統合が図られ，「子どもサービス（Children's Service）」として一つの機関に統合されたことです。また，地方行政のレベルでは，これら各部署の代表者が定期的に集まって，相互の情報交換や，基本的な子どもの保護に関する研修などを，合同で行うようになっています*²。

　英国でも，日本と同様に，要保護児童とされる被虐待児の保護は，慎重に進められます。まず，子どもは家庭で暮らすことが最も大切であるという基本理念の下，それがどうしてもかなわない場合や，子どもの福祉に著しく反すると判断される場合には，ソーシャルワーカーは親を説得して，親の同意の下，子どもを保護しようとします。しかし，親の同意が得られない場合や緊急時には，家庭裁判所や警察の力を

---

*1　コラム①～④は，NPO法人子どもの心理療法支援会ニュースレター No.4～No.7（2007年6月～2008年7月）に掲載したもの，およびNPO法人子どもの心理療法支援会主催，施設職員連続研修会第9回の講演内容およびテキスト版第8章（鵜飼，2009）に加筆・修正したものである。

*2　残念ながら，こうした改革の推進にもかかわらず，2007年8月，ロンドン北部ハリンゲー区で，17カ月の男児（通称 Baby P）が，不審なけがや火傷のため救急病棟等に入退院を繰り返し，自治体関係者と合計78回も接触を持っていたにもかかわらず，保護されることなく亡くなるという事件が発生した。そこで，クリンビエ虐待死事件の調査委員長でもあったレミング卿（Lord Laming）は，政府の依頼を受けて「子どもサービス」改革の進捗状況に関する調査を行った。その報告書は，ソーシャルワークの質と量，およびそれを裏づける財源の確保に焦点づけられたものであった。

● コラム①続き

借りて，子どもの保護にあたります。そして，子どもを保護した後にも，家庭復帰の可能性を模索し続けます。

　日本と英国の最も大きな相違点は，英国のソーシャルサービスには日本の児童相談所のように，心理学や精神科の専門職がいないということです。これらの専門職は，一般に精神保健領域（医療）の職であり，基本的には各地域の精神保健クリニックに所属しています。つまり，日本のように公的保護の下にいる子どもたちが，必ずしも心理職による心理判定を受けたり，あるいは心理療法を受けたりするということがないのです。そのため，精神保健領域で仕事をしている限り，同じ地域でどれだけの子どもが公的保護の下にあるのかは把握できません。この状況は，「子どもサービス」として3部門が統合されてからもほとんど変わっておらず，そこが英国の福祉制度のデメリットだと，子どもの心理療法士としての私は常々感じていました。当時私が，「日本の児童相談所ではソーシャルワーカーと心理職がペアになって仕事をしており，同じオフィスの中にいる」ということについて話すと，「それはすごいね。素晴らしい」と，よく英国人の同僚から驚かれたものです。

　また，英国には一時保護所がありません。そこで，緊急に保護された子どもたちは，そうした事態に備えた緊急里親制度により，支えられることになります。この点も日本と大きく違うところで，英国における要保護児童の保護の基本は，里親です。緊急時であっても生後間もない赤ん坊であっても，皆，里親宅に措置されるのです。

　さらに英国では，基本的に5歳以下の子ども[*3]の入所施設への措置は考えられていません。したがって，乳児院もありません。ここには，愛着理論の影響，すなわち，5歳以下の子どもが養育者が常時交代するような集団生活のなかで，どうして健全な愛着形成を成し遂げることができようか，という強い信念があるようです。

　この背景には，70〜80年代に施設内虐待が明るみに出てきたことをきっかけに，児童養護施設が廃止の方向に向かったことが大きく影響しているようです。現在，60〜70歳になった人のなかに，自分が子どものときに施設で虐待を受けたと訴える人もおり，今なおその傷跡は深いようです。そのため，現在，英国で施設というと，基本的には治療的コミュニティなどの，特別支援を必要とする子どもたちが暮らすところが中心になっています。つまり，情緒障害児や身体障害児のためといった特化された施設が主で，一般の児童養護施設は本当に少なくなってきているのです。

　こうして里親を増やしてきた英国で

＊3　英国の子どもの就学年齢。

コラム①続き

すが，残念ながら里親家庭でも虐待は起こってしまっています。複数の里親家庭のたらい回しも問題になっています。極端なケースでは，5歳になるまでに60カ所ほどの里親宅を転々としたという例もありました。こうした現実を考えると，はたして，こういった子どもたちの愛着の問題はどうなるのだろうかと，疑問を投げかけたくなります。むしろ乳児院や児童養護施設にいて，5歳まで落ち着いて一つの所で生活できるほうが良いのではないか，などと思ったりもします。実際に，一晩でお手上げといって次の家，また次の家，というように移されていく子どももいるのですから。こうした現実を見ると，里親への措置ばかりが強調されることも良し悪しだと思えてなりません。

また，親が「長期の里親に預けたい。でも養子は嫌だ」「この宗教でないと困る」「この人種の家庭でないと困る」というような条件を付ける場合，それに見合った適当な里親家庭が見つかるまでの間，短期の里親宅を転々とするというケースもあります。里親制度というのは良いようでいて，一方でこうした難しさがあるのもまた現実です（たとえば，第4章のピーターの事例はこうした現状を顕著に物語っているといえましょう）。

さて，英国の子どもの入所施設には，子どものみが入所する施設から，子どもと家族の全員が入所してアセスメントを受けるような機関まであります。あるいは月曜日から金曜日を入所施設で過ごし，週末は家庭に戻るというところもありますが，ここでもまた一つ，日本との違いがあります。日本の場合は，里親に措置されていると，そのうえさらに施設に入所するといういわゆる二重措置は行われていませんが，英国ではそれが頻繁に行われています。つまり，施設に措置されている子どもの週末や長期の外泊先が里親宅であるという二重措置が，一般的に行われているのです。

こうした施設に入所するときには，「子どもサービス」の保健・教育・福祉の三者が1/3ずつ措置費用を出すことになります。これはつまり，これら三機関が合意しない限り，施設への措置ができないというシステムになっているわけですが，その際，利用者の自己負担はいっさいありません。

第2章 児童養護施設における精神分析的心理療法の実践*1

　児童養護施設における心理療法について考える際，まず心にとどめておく必要があるのは，それが施設という治療構造全体の一部であるということではないでしょうか。ここには，施設が一つのチームとして機能し，協力できること，そして，関係諸機関の相互のサポートが求められます。たとえば，具体的には，生活職員は心理療法のなかで何が起こっているのかを知っておく必要があるでしょう。特に，心理療法のセッションで感情が喚起されたために，子どもが混乱して，生活場面に戻ってからも大声で怒鳴り散らしたり，あるいは自殺企図や自傷，無断で施設から外出するといった行動に至ったりすることもあるかもしれないからです。他方，心理療法士が施設で行われる行事などについての情報を得ていることで，心理療法がより良い方向に展開するということもあるでしょう。

　また，児童養護施設という場が抱えることになる特徴について周知していることも大切でしょう。特に，昼夜にわたって責任を担う生活職員にかかる負担は大きいもの（Polsky, 1962）ですが，それこそが，まさに入所施設の治療活動の核となるのです。集団で生活するという親密な関係において，子どもたちは，生活職員の行動や対応を通して学び，成長していくということは想像に難くないでしょう。これは，個々の職員の個人的な資質に負うとこ

---

*1　本稿は，平成21年度厚生労働科学研究費補助金（政策科学総合研究事業　政策科学推進研究事業）報告書『子ども家庭福祉分野における家族支援のあり方に関する総合的研究』において分担執筆した「児童養護施設入所後の子どもの心のケア」（鵜飼，2010c），およびNPO法人子どもの心理療法支援会主催施設職員連続研修会第9回の講演内容とそのテキスト版第8章（鵜飼，2009）を加筆・修正したものである。

ろが大きいと言わざるを得ない状況でもあるのですが，それだけに，職員のほうも子どもとの日常的なやり取りのなかで，自らの内に起こってくるさまざまな感情を扱うことになります。そしてその多くは，子どもの過去の経験が，今，この場に転移されたものなのです。

つまり，「入所施設は事実上，子どもの過去の経験が再演される場となり，生活職員は不適切にも，たとえば剥奪する，虐待する，ネグレクトする，あるいは性的に誘惑する対象として認識されることがある」（Ward et al., 2003）ということを，理解しておくことが大切なのです。つまり，こうした心のメカニズムは，何も心理療法の場においてのみ起こるのではなく，日常生活のさまざまな場面でも繰り広げられるのだという認識です。まさに，「入所型治療の特質は，子どもたち一人ひとりが施設というシステム全体に，それぞれの内界を投影すること」（Ekstein et al., 1959）なのであり，だからこそ，こうした理解を持った心理療法士による職員へのコンサルテーションも，重要な位置を占めることになるのです。

それでは，以下に，児童養護施設での子どもの心理療法の実践における，より具体的なあり方について述べていきたいと思います。

第1節　「いつ」行うのか

虐待を受けた子どもが児童養護施設に措置されてくる際，その虐待の状況が深刻なものであればあるほど，措置機関をはじめ，子どもの入所に至るまでに関わった機関から，「この子どもにはすぐにでも心理療法を行ってください」と，まるで心理療法を行うことがその子どもにとって必須の応急手当でもあるかのような要望が提示されることは，稀ではないでしょう。

しかし，ここで大切なことは，心理療法は魔法のように子どもの心の傷を癒やすものではない，という当たり前の認識を持つことです。子どもの受けた虐待が重いものであればあるほど，子どもの置かれていた生活状況が大変なものであればあるほど，その子どもに関わった大人たちは，その重みと深刻さに耐えかねて，何とかせねばならないと性急な動きをとることに駆られがちになります（Dyke, 1987）。もちろん，子どもの命やウェルビーイングを

深刻に脅かす状況が把握されている際に，その子どもを速やかに保護するという過程は，迅速であってもありすぎることがないのは言うまでもありません。

ただ，ここで考えるべきは，必要に応じて子どもを保護することができた，その後の対応についてです。つまり，「すぐに心理療法が必要である」という反応は，その子どもに密接に関わり，その子どものウェルビーイングを第一に考えれば考えるほど起こりがちな，私たち自身の不安や怒り，あるいは事態に対する耐え難さに対する反応なのではないのか，という視点です。

このような私たち自身の心の中に起こりがちな現象について十分に理解したうえで，いつ，どの時点で心理療法を行うのがその子どもにとって最も助けになるのかを，じっくりと時間をかけて検討していくことこそが，私たちに求められる態度なのです。

では，それはいつの時点なのでしょうか。もちろん，個々の子どもの状況によって柔軟な対応が求められるということが前提ではありますが，施設に入所して間もなくの時点ではない，ということだけはどの子どもにも当てはまるのではないかと思われます。心理療法を行うには，それぞれの子どもにとっての適切な時機というものがあります。施設に入所した子どもにとって，まず，最も大切なことは，その新しい生活空間である施設が守られた安全な場所であり，自分はこの生活空間のなかで尊重された存在である，という実感を抱けるようになることでしょう。そうした感覚がある程度達成された後にこそ，心理療法という新たなプログラムが，その子どもの生活のなかに組み込まれるべきなのです。

また，児童養護施設に勤務する心理療法士としても，外来ベースの相談の受け付け方や進め方と同様に，心理療法のためのアセスメントを行い，実際に心理療法を始めるかどうかを決めるという，自分なりの枠組みを持っておくことが求められます。この子どもにとって，今，このときが心理療法を始めるのに適切なのかどうか，まずは自分なりに考えるということです。第3章後の「コラム③」で紹介しているマルベリー・ブッシュ・スクール（Mulberry Bush School）でも，心理療法士は子どもが入所した時点でアセス

メントを行いますが，実際に心理療法を始めるのは，生活が落ち着いた6カ月後ぐらいからになっています。

　まずは，生活の場で安定して，「ここが自分の居場所だ」ということが子どもの心の中に定着してきたところで，次のステップとして心理療法があるほうがよいのです。心理療法を開始するのは早ければ早いほうがよい，ということではありません。むしろ，時機を見極めることのほうが大切なのです。その子どもにとって適切なときに心理療法を導入することが最も大切なのであり，周囲の「早くしてください」という不安に駆られた要望に，心理療法士も共に不安になって，「早くしなければ」と慌ててはいけないのです。

　子どもを受け入れる側の施設にとっても，子どもの入所前の生活状況が深刻なものであればあるほど，担当職員は，「こんな子どもを，私たちの施設で受け入れていけるのだろうか」という不安を持つことになるでしょう。「あれもこれも，そして早く心理療法も」と，意識的にも無意識的にも混乱することがかなり多くみられるでしょう。そういうときにこそ，「少し落ち着いて考えましょう」というスタンスが求められるのであり，心理療法士がその役割を担うことになるのです。とりあえず心理療法をすれば事が足りるということではなく，今が心理療法を開始するのに適切なときなのかどうかを見極めることこそが，より大切なことなのです。

第2節　「どこで」行うのか

　それでは，そのような心理療法は，児童養護施設という限られた空間の「どこで」行われるべきなのでしょうか。ここにも，役割や境界といった視点と意識が求められます。つまり，できる限り生活場面とは物理的に距離のある位置に，心理療法の部屋が設けられることが望ましいといえます。たとえば，生活場面とは別棟であるとか，同じ生活棟の中であってもその棟の端や別の階であるなど，日常的に多くの子どもや大人の動きが感じられにくい場所が理想的だといえるでしょう。また，言うまでもなく，その部屋は心理療法以外の目的に使われるべきではありません。

　部屋自体はさほど大きなものである必要はなく，多種多様なおもちゃや遊

具をそろえる必要もありません。ただ，その子どもが専用に使うことができて，さまざまな気持ちや象徴的な表現をすることが可能になるよう，描画や簡単な工作のできる道具，および小さな人形や動物といった類のおもちゃがあれば十分でしょう。こうした心理療法の実際に関しては，ここではこれ以上の詳述は避け，児童養護施設に心理療法の専門家を配置する際のハード面における一つの指針として，心理療法の部屋の位置やサイズについて言及するにとどめておきます*2。

第3節 「どのように」行うのか

　それでは，具体的には，どのようにして子どもとの心理療法を進めていけばよいのでしょうか。ここでは，その大まかなラインを提示したいと思います。

　一般家庭で暮らす子どもが，何らかの心の問題を抱えて相談機関に心理療法を求めてやって来る際，そのほとんどは親に連れられてやって来ます。子どもが一人で相談機関の門を叩くことは非常に稀であり，もしそのようなことがあったとしても，相談機関は子どもが未成年である場合には，必ず親に連絡をとるなどの対応をするでしょう。

　児童養護施設に暮らす子どもたちの心理療法に関しても同様です。心理療法を始める際には，現在の子どもにとっての親と同等の人，つまり，その子どもの生活担当職員などが，まずは子どもとともに，心理療法士と三者で話し合い，なぜ，今，心理療法を始めることが検討されているのかを，明確にすることが大切です。

　時に耳にするのですが，「遊びのお姉ちゃん（お兄ちゃん）のところで遊んでおいで」といった，曖昧な，あるいは心理療法を心理療法として考えていないのではないかとすら思われるような誘いかけは，もってのほかだと思われます。なぜなら，生活場面のなかで行われるとはいえ，むしろそれだからこそ，やはり心理療法は心理療法なのだということが強調されてしかるべき

---

*2　こうした心理療法の場の設定の詳細に関しては，鵜飼（2010d）を参照。

だからです。そして，心理療法の何たるかということが，当の子ども本人にも施設の職員にも十分に理解されたうえで，心理療法を行うことがこの三者の間で合意されたときにはじめて，心理療法を始めるということが成立するのです。

このための話し合いには，できるだけ充分な時間をかけて，子ども自身をはじめとするこれら三者がよく納得していることが肝要です。また，心理療法が開始された後にも，この三者による話し合いの機会を適宜持つ，すなわち心理療法の進展について振り返る場（振り返り面接）を持つことも，大切だといえます[*3]。

また，たとえ同じ敷地内や同じ建物の中で心理療法が行われているとはいっても，必ず生活担当職員が子どもを心理療法の部屋まで送迎することが，よりいっそう子どもの心理療法を外側からサポートすることになるといえるでしょう。それによって，子どもはより安心して心理療法に臨むことができるということも，ここで一つの指針として付け加えておきたいと思います。

1. 日時という「枠」について

心理療法の枠がしっかり存在していてこそ，そのなかで起きる事象に対する解釈も生きてくるのであって，枠のないところで理論のみを借用したような解釈を行っても意味はありません。たとえば，時間がきっちりと決められているからこそ，遅刻にも意味が出てきます。いつも心理療法の時間を曖昧なままにしていたのでは，子どもが遅刻してきても，早く来すぎても，そこに意味は見いだせなくなります。

たとえば，子どもが約束の時間の 10 分前に部屋に来た際に，自分も時間が空いているからと，セッションを 10 分早く始めたりしていると，その 10 分にまったく意味がなくなってしまうのです。反対に，子どもが 10 分遅れて来た場合，通常の 50 分間のセッションの時間は 40 分間になってしまいます。なかには，「遅れてきたんだから 10 分長くしてほしい」と訴える子

[*3] こうした心理療法を開始するにあたってのアセスメント，および心理療法の進め方の詳細については，鵜飼（2010d）を参照。

どももいるかもしれませんが，それに簡単に応じてしまうのではなく，やはりしっかりとその時間が守られるからこそ，その遅刻の意味も，それに伴う子どもの欲求不満やそれに対する言動についても解釈ができるのです。

つまり，心理療法士がこのような意味をしっかりと理解したうえで，こうした枠組みが守られるからこそ，そのなかで子どもと心理療法士の間に起こっていることについての解釈も，生きてくるのです。

また，心理療法の日時をしっかりと決めておらず，毎回「次はいつにしましょう」と日時を決めなくてはならないといった状況も，困りものです。これは，児童養護施設において，心理療法士が生活場面にも入るような不規則な勤務状況のなかでは，特に起こりがちのことのように思われます。心理療法の時間と空間をしっかりと守るという意味においても，やはり，心理療法士の勤務態勢がどのようなものであるのかは大切なことなのです。

一方，休暇についても，はっきりと事前に伝えておくことが必要です。そうすることで，急に子どもや施設の事情，あるいは心理療法士の側の事情で心理療法を休まなければならなくなった場合にも，そこに意味が見いだせる可能性が起きてくるわけです。時間や日程が前もってしっかりと決められているからこそ，そこから"ずれる"，あるいはそれが守られないということの意味が考えられるのであり，そこでの子どもの反応に対する解釈も生きてくるのです。このような外枠がきっちりとゆるぎのないものであってこそ，セッションの中味について考えていく際にも，さまざまな意味が生まれてくるのです。

これは，外来ベースの心理療法においてのみならず，特にそれが守られにくい状況に陥りがちな児童養護施設における心理療法においては，より大切なポイントの一つとして意識しておくべきだといえるでしょう。

2. 部屋の後片付けについて

さて，1回の心理療法が終わったとき，おもちゃを片付けるかどうかということに関しては，さまざまな議論があるところです。私は片付けたほうがよいと思っています。もちろん，「片付けよう」と言っても片付けない子どもが多くいるのは事実でしょう。しかし，そのような際にも，「その時間の，

その場のことは，一応ここで納めていきましょう」という意味で，ある程度きっちりと片付けて部屋を出ていくことが大切なのです。その際，心理療法士が子どもを手伝って，一緒に片付ければよいのです。部屋の状態がまさに惨状といった場合なら，10〜15分を片付けに充ててもよいのです。心理療法の時間が1回50分なら，その50分の枠内で片付けまですませてしまうというのが理想的です。

　スーパーヴィジョンや研修会等で，児童養護施設での心理療法のさまざまな事例について聞かせていただいていると，子どもが部屋を片付けず散らかったままの状態で出ていくようなセッションがあると，その次のセッションには，子どもが来ないとか，来られないということが多いように思われます。

　たとえば，このようなときの子どもの心の中には，どのようなことが起こっているのでしょうか。前回のセッションから今回のセッションまでの間に，子どもの無意識のなかでは，「あれだけ部屋をめちゃくちゃにして先生は怒っていないか」「あの部屋の中のおもちゃや人形が怒っていないか」など，さまざまなファンタジーが喚起されていることでしょう。もちろん現実的・知的なレベルでは，部屋やおもちゃが怒るということはあり得ないことですが，無意識的・原初的なファンタジーのなかではそのようなことは十分に起こりうるのです。そうなると，子どもは恐ろしくてその部屋には戻ってこられなくなるかもしれません。その部屋のものから仕返しをされるかもしれませんし，そもそも心理療法士が自分のことをひどく怒っているかもしれませんから……。

　だからこそ，どれだけ心理療法のセッションの50分の間に子どもが暴れたり，心理療法士に対して散々な悪態をついたりしていたとしても，一応は片付けて部屋を出る，あるいは**そうしよう**とすることが大切なのです。この一点についてのみを考えても，たとえ50分という限られた時間の多くを割くことになったとしても，やはりきっちりと部屋を片付けてから心理療法を終わったほうがよいといえるのではないでしょうか。

コラム②

英国の児童福祉制度(2)――非政府組織

　英国では，政府や地方自治体のほかにも，非政府組織がさまざまな児童福祉のための活動を行っています。

　主な非政府組織のなかでも最も有名なところは，児童虐待防止のための全国協会 NSPCC（National Society for the Prevention of Cruelty to Children）ではないでしょうか。これは，日本の児童虐待防止協会に最も近い組織だといえます。しかし，それ以上に，この組織は，行政機関のソーシャルワーカーや警察と同様に，子どもを家庭から離すという指示を家庭裁判所から得る権利を持っています。

　この組織の主な事業は，TV のコマーシャルやパンフレットなどの作成による，児童虐待防止のための一般市民への啓蒙・広報活動です。また，臨床サービスとして，家族療法士や子どもの心理療法士による治療的介入や，虐待事例の子どもと家族のアセスメントも行っています。この機関には 125 年の歴史があり，その最優先事項は，「子どもに代わって発言する」ということです。

　また，全国子どもの家 NCH（National Children's Home）は，138 年の歴史を持つ，英国で最も古い非政府組織の一つであり，英国全土にわたって活動を展開しています。この組織は，もとは 1869 年に，貧困あるいはホームレスの子どものための施設として，ロンドンにできたのが始まりだったそうです。この団体の財源は，前出の NSPCC と同様に行政機関であるソーシャルサービスから専門的な援助を依頼される委託契約料，および大企業や銀行からの寄付によるものです。主な事業は，「若い親への子育て支援」で，全国に 40～50 カ所のチルドレンズ・センター（第 5 章後の「コラム⑤」参照）を有しているほか，リービング・ケア（第 6 章後の「コラム⑦」参照）も行っています。

　また，里親への支援や認定も，この組織の大きな役割の一つです。里親の候補者を募集し，その候補者に対するトレーニングを行います。そして，里親としての資格を与えた後のフォローアップとして，グループワークやピアカウンセリングといったサポートまで行っています。また，専門里親に対しては，24 時間体制の電話相談を行っています。「今，困っているのですがどうしましょう」という，緊急時にすぐに応えられるシステムを整えているのです。

　この NCH は，そのほかに情緒障害児短期治療施設や特別支援学校の経営も行っています。

コラム②続き

　このほかにも，英国養子縁組と里親養育協会BAAF（British Association of Adoption & Fostering）など，子どもが「家庭」という環境において養育されることを推進するために，養親や里親の募集・トレーニング・相談を主に行う組織の活動も活発です。ここでは，子ども本人や，養親・里親に向けた出版物を通じての啓蒙活動のほか，公的保護下にある子どものライフストーリー・ワーク（子どもがなぜ公的保護に入ることになったのかという経緯や，原家族についての情報を子どもに知らせ，共有するプロセス・ワーク）や，子どもの成人後の情報提供など，子どもたちの「知る権利」に関する活動が積極的に推進されています。

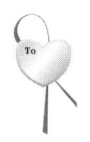

第3章 児童養護施設に勤務する心理療法担当職員のための, ディスカッション・グループの試み[*1]

　ここで紹介する研究は, 第1章でまとめた調査・研究（鵜飼, 2010a, 2010b）を受けて, そこから浮かび上がってきた課題へのアプローチを目的に行われたものです。

　先の研究は, ①近畿圏内の児童養護施設における心理職[*2]の配置状況と, ②心理職の職務内容, およびスーパーヴィジョンや研修の実態について把握し, こうした現場で働く心理職にとっての課題と, 彼らが現在, 最も必要としていることを明らかにし, 今後の研修に生かすことが目的でした。その結果, 「児童養護施設における心理職の役割の明確化」を行うことと, そのうえでこそ心理職が「児童養護施設内の他職種との連携・協働・コンサルテーション」といった役割をいかに有効に果たすことができるのかを考えることができるのだ, という課題が明確になりました。また, 児童養護施設という, 心理職にとっては比較的歴史の浅い臨床現場において, 各施設間の枠を超えた心理職同士の横のつながりの希薄さも, 課題として浮かび上がってき

[*1] 本稿は, 2010年度大阪経済大学特別研究費の交付を受けて実施した研究を「児童養護施設に勤務する心理士のためのディスカッション・グループの試み」（鵜飼・堀内, 2011）として『大阪経大論集』第60巻第1号に報告したものを, 加筆・修正したものである。4回にわたるディスカッション・グループのファシリテーターの労をお取りいただいた村上佐智子氏, 参加いただいた8名の臨床心理士の方々に, ここであらためて謝意を表する。また, ディスカッション・グループの実施にあたっては, 大阪経済大学大学院人間科学研究科修士課程2年生（当時）の前川友紀さんにご協力いただいた。

[*2] 調査（鵜飼, 2010a）では, 回答が得られた児童養護施設に勤務する心理職のうち, 臨床心理士の有資格者は51名であったが, 本論では資格の有無にかかわらず, これを「心理職」として表記する。

ました。

　そこで，こうした課題に対する実践的取り組みとして，児童養護施設に勤務する心理職を対象に，小グループによるディスカッション形式の研修会を試みたものが本研究です。本章では，実際の研修会の状況をまとめ，今後の更なる課題について考察します。さらに，児童養護施設に入所する子どもの心のケアに関して，すでに提言したもの（第2章，鵜飼，2010c）を補完する形で，更なる提言につなげられるものを目指します。

第1節　ディスカッション・グループの実施手続き

1．参加者の募集

　近畿圏内の全94の児童養護施設のうち，2009年度の調査（鵜飼，2010a）において回答の得られた施設に勤務する心理職宛てに，2010年4月下旬より本研修会の案内を送付しました。全4回実施のディスカッション・グループは，メンバーを固定したクローズド形式で行うため，4回のすべてに出席できることを参加の条件とし，8名を上限として募りました。

2．実施場所および実施形態

　グループは毎回，大学の会議室において行われました。参加者は，当初予定の上限の8名でした。そこに，ファシリテーターを1名配置し，記録係として常時2名が在室しました。記録はICレコーダーを用い，毎回のセッションの後に逐語記録を起こしました。

3．ファシリテーターおよび参加者[*3]

　ファシリテーターは，過去に情緒障害児短期治療施設の心理職としての勤務経験を持ち，現在は児童養護施設に入所する子どもの心のケアの実践とともに，その普及・啓蒙活動を行っている臨床心理士に依頼しました。参加者は，経験年数の浅い心理職（1年目）から中堅といえる9年目の心理職までを

[*3] 参加者の守秘義務遵守のため，参加者の氏名や勤務先の施設名は公表しない。また，ディスカッションの内容に支障の出ない範囲で，一部その内容を改変している。

表3-1 ディスカッション・グループの参加者一覧

	性別	勤務年数	雇用形態
A	男性	1年目	常勤
B	女性	1年目	非常勤（週2日勤務）
C	女性	2年目	常勤
D	男性	2年目	非常勤（週1日勤務）
E	女性	2年目	非常勤（週1日勤務）
F	女性	3年目	常勤
G	女性	4年目	常勤
H	女性	9年目	常勤

含む，計8名の男女でした。具体的なメンバー構成は表3-1のとおりです。

4. 研修会への参加動機および目的

　参加メンバー8名が，本研修会申込時に記載した参加動機および目的は，おおむね以下の4点に要約されます。

　（1）　他施設の心理職との交流の機会を持ち，情報交換がしたい。
　（2）　施設心理職としての専門性を高めたい。
　（3）　施設内での心理職のあり方について学びたい。
　（4）　少人数で参加型の研修会に参加したい。

第2節　ディスカッション・グループの実際

　4回にわたって行われたディスカッション・グループで，各回を通じて話し合われた主なテーマは，「1. セラピー[*4]の意義」「2. 施設で仕事をする心理職のあり方」「3. 施設心理職にとっての内的な守りと現実的な守り」としてまとめられます。以下に，それぞれのテーマに沿って，ディスカッションの内容を要約します（以下，実際のディスカッション・グループのなかで語られた参加者の言葉は，「　」で記してあります）。

1. セラピーの意義

「直接処遇職員に，心理職の行う『セラピー』がまるで魔法の言葉のように用いられ，『セラピーに行けば何とかしてもらえる』と思われていたり，『トラウマを扱ってほしい』あるいは『この問題行動を何とかしてほしい』などと，それぞれの子どもが抱える問題について，即時の解決を求められたりするような訴えを受けることがある」。

「臨床心理士としての養成訓練を受けた大学院では，トラウマを扱うのが心理職の仕事だという教育を受けてきた経緯がある。そのため，『施設で働く心理職の行うセラピー』について，自分なりのイメージを抱いて仕事に就いた。しかし，現実はまったく違っていたという，自分自身のなかの戸惑いがある」。

上記のような体験から，①セラピーの意義とは何なのか，②セラピーのなかで「トラウマや問題行動を扱う」とはどういうことなのか，③セラピーでは何ができて何ができないのか，などといった心理職としての根源的な迷い，すなわち「セラピーとは，そもそも何なのか」を，日々抱えている心理職の姿が，多くの参加者によって生々しく語られました。

2. 施設で仕事をする心理職のあり方

常勤の心理職からは，以下のような発言がありました。

「『宿直ぐらいやってもいいんじゃないか』『日常生活場面に入って手伝ってほしい』などと，子どもの直接処遇に加わることを求められることが多い。しかし，たとえば施設の行事に参加すると，必然的に，セラピーを担当している子どもと，セラピー以外の場面で接する機会が出てきてしまうことになり，そこに戸惑いを感じる」。

---

*4 現在の日本では，心理療法は，英語で「治療」あるいは「療法」にあたる「セラピー（therapy）」という言葉を用いて表現されることが多い。本ディスカッション・グループも，「セラピー」という言葉を共通言語として進められたが，その言葉が本来意味すること，あるいは目指すことは，それぞれの心理職によって異なるのが現状ではないだろうか。そこで，今後は，根本的に何をもって「セラピー」と称するのか，といった基本的な言葉の整理も必要であろうと思われる。

「施設では日常の業務が忙しく，心理職にもそこのフォローが求められる。しかし，日常生活場面での業務に入ってしまうと，セラピーの時間が削がれてしまう。また，自分としては，心理職としての本来の役割であるセラピーをないがしろにしているつもりはない。しかし，直接処遇に関わることで，そうなってしまうのではないかと不安に感じることがある」。

「心理職にとっての施設での業務は，セラピーがメインになると思う。しかし，他の業務が増えてきて，自分がきちんと行えるはずのセラピーが軌道に乗ってこないと，自分のアイデンティティは何なのかとの思いを抱え，どうしたらいいのかわからなくなることがある。自分の立ち位置をどこに持っていけばいいのかは，常に自問していることである」。

以上のような，施設における心理職の役割の不明確さをめぐる戸惑いが中心に語られました。

一方，非常勤の心理職からは，以下のような意見が出されました。

「行事にも出ないし，セラピー以外の場面では子どもとの関わりは持たない。そのため，直接処遇職員と話をするときには，どこか壁があるように感じられる。こうした（非常勤の）勤務形態のなかでは，『セラピーを守る』ということはできる。しかし同時に，行事などに参加することで，心理職として何かもっとできることがあるのではないかといった思いを抱くこともある。セラピーという小さな枠を意識しながらも，施設全体という大きな枠も意識しなければならないように思う」。

この意見に代表されるように，心理職の役割はセラピーを行うことであるといった点では，非常勤心理職は常勤心理職に比べて守られているといえるのかもしれません。しかし，施設という一つのチームのメンバーの一員としての協働ということになると，やはり非常勤勤務であるという立場は，どこか不自由さのようなものを感じさせられるものなのかもしれません。

このように，常勤の心理職と非常勤の心理職とでは，勤務態勢もそこで求められる役割も，大きく異なるといえます。これは，第１章でもくり返し述べてきましたように，児童養護施設で心理職が果たすべき役割が不明確なままに，数としての心理職の配置のみが進められてしまったという現状から引き起こされている問題であることは，言うまでもありません。しかし同時

に，上記の「1.」でも触れましたように，心理職自身が"セラピー"というものをどれだけ理解して，その実践にあたっているのかという，心理職としての基本的な課題が内包する側面も，見逃せないといえるでしょう。

3. 施設で仕事をする心理職にとっての内的な支えと現実的な守り

「施設の心理職は一人職場であることが多く，非常勤で複数の心理職がいる場合でも，孤独に仕事をしているという感じがぬぐえない。同じ目線で考えたり，話したり，感じたりしたことを，受け止め合ったりできる機会が少ない。心理職を支えるものは何なのか」。

「心理職は，施設のなかでは『治療をする人』という認識になっており，逆に心理職自身のことを考えてもらえる機会が少ないように思う」。

「生活場面では，何か問題があれば，最終的な責任の所在が明確になっているが，心理職の責任の所在は曖昧である。施設に所属しているようでいて，していないように感じられることもある。誰ともつながっていないような感覚がある」。

「セラピーのなかで，労災が下りるほどのけがをしたことがある。セラピーは個室の中で，自分の管理と子どもの管理を一人でしなければならない。それを直接処遇職員にわかってもらわないといけないと思う。安全の確保という意味では，業務命令系統のようなものがはっきりと決まっていないと，精神的に大変辛い」。

以上のように，「1.」と「2.」では心理職側の内的な要因が中心に語られましたが，この「3.」においては，そうした心理職のアイデンティティを支えるものとしての，外的な枠組みの大切さが改めて浮かび上がったといえます。

第3節　ディスカッション・グループ終了後の振り返り

本節では，全4回のディスカッション・グループ終了後の，アンケート調査の結果を要約します。

表3-2のとおり，今回の研修会全体を通して，「大変役に立った」が4名，

表 3-2　今回の研修がどの程度役に立ったか

大変役に立った	4 （名）
まあまあ役に立った	3
どちらともいえない	1
あまり役に立たなかった	0
全く役に立たなかった	0

表 3-3　今回の研修への参加動機や目的の達成度

5 （点）	1
4	5
3	1
2	1
1	0

「まあまあ役に立った」が 3 名,「どちらともいえない」が 1 名でした。

　また,参加者の参加動機や目的が達成されたかどうかについては,「達成された」を 5 点,「達成されなかった」を 1 点として,回答してもらいました(表 3-3)。「大変役に立った」と回答した 4 名のうち,「5 点」をつけていた人は 1 名,残りの 3 名は「4 点」でした。「まあまあ役に立った」と回答した 3 名では,「4 点」とした人が 2 名,「3 点」とした人が 1 名でした。「どちらともいえない」と回答した人は,この評価も「2 点」と低い評価でした。

　自由記述形式による本研修会についての意見や感想には,「施設に勤務する心理職がどんな思いで,何を考えているのかを,お互いに感じ合えたのがよかった。同じ領域で働く者同士が,それぞれの状況や思いを語ることができる空間や,相手がいることの大切さを,感じることができた」「定期的にこのような場が持てれば,施設に勤務する心理職の役割がより明確になるのではないか」「またこのような機会をつくってほしい」など,心理職同士の交流が持てたことに対する肯定的な感想が多く見られました。

　また,「常勤と非常勤では,困っていることや抱えている問題が違っていて共感しにくかったが,他施設の状況を知ることができたのはよかった」「自分のやっていく役割や自分の課題が見えてきた」など,このような交流を持ったことにより,現状の課題がより明確になった,という意見が目立ちました。

第4節　今後の課題

1. 児童養護施設におけるセラピー

　児童養護施設に勤務する心理職に求められていることは，さまざまな事情を背景に持つ子どもたちが集団で生活をする，いわゆる一般的な社会環境（子どもが家族の元で生活しながら学校に通う）とは異なる状況下で，心理的な援助を行うことです（鵜飼，2010c）。

　今回のディスカッション・グループでは，主にこの心理的な援助をどのように行うのか，そこでは何を目的とするのか，そしてそこでのセラピーの意義は何なのかといった，心理職としての根本的な課題ともいえる事柄が，児童養護施設においては特に問題となっていることが明らかになりました。ディスカッション・グループでは，これらの問題について，「子どもが日常生活をできるだけ問題なく過ごせるためのサポートをする」「どんなことを思って（子どもがその言動を）しているのかを一緒に考えていく」，また，心理職は，直接処遇職員とは「別の視点で子どもを見るべき立場にある」といった意見が出されました。

　子どもにとってのセラピーの意義について，平井（2008）は以下のように述べています。

　　セラピーの焦点は子どもが「いい思い」をすることではない。経験を「消化」する（象徴化，考える，コンテイン〈contain〉できる）力を養うことが焦点となる。子どもが過去に出会った，あるいは現に出会っている，あるいはこれから出会う，良い経験，悪い経験を含めた様々な経験について考えることのできる力，あるいはそれらと折り合いをつけることのできる力，すなわち生きる力（resilience）を培うことである。

　そのうえで，「セラピーは子どもが考えることのできる対象との関係を提供する場である」（平井，2008）としています。

　児童養護施設への入所理由は，子どもによってさまざまですが，児童養護

施設に入所している子どもたちは，考えることのできる対象（両親）と接する経験，すなわちコンテイン（contain）される経験が，これまで極端に少なかったといえるでしょう。その，考えることのできる対象との関係を提供し，子どもが経験について考える力を内在化できるように働きかけていくことが，児童養護施設においては特に強調されるべきセラピーの目的であり，意義なのだといえるのではないでしょうか。

今回，議論の主なテーマとなったセラピーについての戸惑いや迷いは，セラピーの結果が即座に目に見えて表れるものではないということや，直接処遇職員のセラピーに対する理解の浅さと，そこからくるセラピーへの過度な期待，あるいは逆に「セラピーなど役に立たないのではないか」という，職員の懐疑的な思いに影響を受けている面も大きいように思われます。

セラピーは"魔法"のように子どもを変化させるもの，あるいは逆にまったく効果のないものであるという，やや極端に偏ったとさえいえる現場の認識のなかで，複雑な生育歴を抱え，現在もさまざまな心理的困難を抱えながら生活をする子どもとセラピーを行っていくということは，それと向き合う心理職にとっても，莫大な心的エネルギーを要する作業だといえます。内的にも外的にも，確固たる支えが十分であるとは感じられない状況のなかで，しかもその効果が見えにくいとなると，「セラピーをすることに何の意味があるのか」と，心理職の仕事の大部分を担うはずであるセラピーに対する思いが，当の心理職自身のなかでさえ揺らいでしまうのも，致し方のないことなのかもしれません。

こうした現状を解決していくには，心理職の研修のみならず，直接処遇職員がセラピーについてより良く理解するための研修活動も，必要だといえるでしょう。

ディスカッション・グループでは，このほかに，セラピーにおける枠組みの設定やセラピーの導入といった，セラピーを行ううえでの基本的な事柄についても話し合われましたが，これらの点に関しては，鵜飼（2009，2010c，2010d）に譲ります。

2. 施設心理職としての役割

「伝統的なインスティチュートモデルによる個別心理臨床では，セラピー場面と現実生活場面と，物理的構造上も心理的構造上も分けることが基本」（加藤，2005）であるとされています。しかし，現在の日本の児童養護施設では，常勤心理職の9割が何らかの形で子どもの日常生活に関わっており，非常勤心理職では約3割が，セラピーだけではなく日常的に子どもと関わっているという現状も報告されています（辻内，2010）。

施設に勤務する心理職が直接処遇場面に入る理由はさまざまであると考えられますが，主に，直接処遇現場からの要請によるものが大きいようです。職員1人がおおむね4～6人の子どもを担当する，現在の日本の児童養護施設における最低基準の勤務体系[*5]では，職員一人ひとりの負担はかなり大きなものであるといえます。そのなかで，心理職（特に常勤心理職）が，日常生活場面でのサポートを求められることは，ある意味で致し方のないことなのかもしれません。

しかし，心理職が日常生活場面に入ることによって，セラピーの枠組みが揺らいでしまったり，ほかの業務のためにセラピーに充てる時間が少なくなってしまったりするなど，心理職としての役割が曖昧になってしまっているのもまた事実であり，これではまさに本末転倒です。今回のディスカッション・グループにおいても語られていましたが，それによって，心理職としてのアイデンティティの確立が困難になっているのもまた事実なのです。

また，心理職が日常生活場面に入るということに関しては，ディスカッション・グループのなかでも，「セラピーでの変化がない分，日常場面で自

[*5] 「児童指導員及び保育士の総数は，通じて，満三歳に満たない幼児おおむね二人につき一人以上，満三歳以上の幼児おおむね四人につき一人以上，少年おおむね六人につき一人以上とする」（児童福祉法〈昭和22年法律第164号第45条の規定に基づき定められた「児童福祉施設最低基準」第42号第3項，昭和23年厚生省令第63号）。現在の児童養護施設には，この法律が制定された当時には予測すらされなかったほど，多くの被虐待児が入所している。つまり，現在の児童養護施設には，この法律の制定当時の最低基準のままでは到底抱えきれないほどの心理的困難を抱えた子どもたちが暮らしているということである。しかし，この最低基準に関しては，昭和51年に若干の改正が行われたのが最後になっている。そうしたなかで，心理職の配置も進んでいるのであるが，まずは基本的な生活場面における処遇の改善，すなわち最低基準の見直しによる直接処遇職員の数の増員が不可欠であるといえよう。

分が動くことで何かを補おうとしている」「勝手にセラピーの代替手段みたいに考えて，それで自分に何ができるのかと考えている」といった言葉で語られていたように，心理職の側の問題もあるのかもしれません。つまり，ここには日常生活場面で子どもと接することで，セラピーでの不全感やセラピーの時間が十分に取れないなどといった問題を解消しようとする，心理職の内側から発せられる動機による動きもあるかもしれないということです。こうした心理職個々人が内包する問題の可能性について，それぞれがしっかりと認識しておくこともまた，必要であるといえるでしょう。

　これは，複数の心理職が勤務する施設では，心理職同士の話し合いをより密に持つことで回避できる問題かもしれません。また，スーパーヴィジョンや今回のようなグループ・ディスカッションといった機会などを通して，こうした自分自身の感情について整理し，自分がどのような心理職でありたいのか，またどのようなセラピーをする心理職でありたいのかを考え続ける必要があるでしょう。

3. 心理職にとっての内的な支えと現実的な守り

　今回のグループの参加者のなかには，心理職が複数配置されている施設の心理職もいましたが，それでも彼らは「孤独に仕事をしている」と語っています。心理職がこのような体験をしている背景には，「職員との協働の問題」「同職種との交流の少なさ」，そして「心理職へのサポートの少なさ」として要約される事柄が語られました。

　増沢（2009）は，児童養護施設に入所している子どもの援助には，複数の援助者がそれぞれの専門性を持ち寄って集まり，協働のうえに支援していくチームアプローチが必要となると述べています。しかし，実際の現場においては，この"協働"がうまく行われていない可能性があるのではないでしょうか。

　たとえば，これは今回のディスカッション・グループでは，「施設に所属しているようでしていない」という言葉として表現されていたと思われます。施設のなかでの心理職という立場が，良くも悪くも特別な位置づけとなり，直接処遇職員も心理職も，お互いの領域（生活・セラピー）に深く立ち入

らないようにしている面があるのかもしれません。そのため，職員からの協力が得られにくく，心理職は一人でその子どもを抱えざるを得ないように感じ，より孤独感を募らせるといった状況が起こっていることが考えられます。

一方で，先にも述べたとおり，心理職は施設のなかで自分自身の居場所がないと感じ，自分の専門外の領域，たとえば生活場面に入ることを通して，その立場を確立させようという動きもあるようです。そのような動きのために，心理職の役割やセラピーの意義について，直接処遇の職員に理解してもらうことがよりいっそう困難になるという矛盾を，自ら作り出してしまっていることもあるのではないでしょうか。

「同職種との交流の少なさ」については，今回のディスカッション・グループの参加動機にも挙げられていますが，これはディスカッションのなかでも，「施設自体が閉鎖的」であるという言葉で語られていました。一人職場の心理職の場合，同職種の心理職と話し合う機会を持つことはほぼ不可能でしょうし，複数の心理職が配置されている施設においても，同じ施設の心理職とは話し合えても，他の施設の心理職の意見を聞くといった機会がほとんどないのが現状でしょう。心理職にとっては，まだ歴史の浅い児童養護施設という領域では，そこでの心理職のあり方というモデルはないに等しく，どのように心理職として機能すればよいのか，実際には試行錯誤を繰り返しつつ仕事をすることになります。そのようななかでは，心理職個々人の精神的な余裕も持ちにくくなるでしょう。そして，そうなると当然ながら，援助者として機能していくことは難しい状況に陥ると言わざるを得ないのもまた現実かもしれません。

このことと関連して，「心理職へのサポートの少なさ」は，非常に大きな問題です。これはディスカッション・グループでは，「心理職のことを考えてもらう機会が少ない」という表現で語られていました。言うまでもなく，心理職に対するサポートの必要性は，どの領域における心理職にとっても当てはまることです。しかし，児童養護施設の現場においては，特にこれが十分ではないのが現状でしょう。

たとえば，平井（2008）は，心理職の仕事について，「心の毒あるいは取扱危険物と接する仕事」であるとし，心理職は「自分自身の精神的健康を崩

す危険」があると述べています。セラピールームなどの現実的な安全管理は，基本的に大切なことではありますが，この精神的健康を守るという視点は，心理職にとってもその心理職からセラピーを受ける子どもにとっても，非常に大切なことです。そのためには，心理職自身が教育分析を受けることや，仕事と私生活のバランスをとるように心がけるなどといった工夫を心がけることも，大切なことだといえるでしょう。

　これらのサポートは，職員との協働や，同職種との交流ということとも，重なるところでしょう。これらのサポートをいかに確保するのかということが，児童養護施設で苦闘する心理職にとっては，特に喫緊の課題であると考えられます。

4．まとめ

　ここでご紹介しました児童養護施設に勤務する心理職のためのディスカッション・グループ形式の4回連続の研修会からは，施設における心理職としての役割が不明確であることによる問題が，改めて浮き彫りになりました。

　臨床の現場はさまざまに異なっても，心理職が「セラピー」を行おうとするならば，何を目的に，それをどのように行うのかという，基本的な理解が不可欠であることは言うまでもありません。特に，役割が不明確であるという現状を抱えた児童養護施設に勤務する心理職にとっては，まず自分自身のなかに，こうした基本的な理解と，それを裏付ける経験や学びの蓄積が求められるのではないでしょうか。そのうえでこそ，直接処遇職員の専門性と心理職の役割についての議論をより対等に始めるスタートラインに立つことができるのではないかと思います。もちろん，児童養護施設に勤務する心理職がこうしたスタートラインに立てるようになるための第一歩は，大学院における臨床心理士の養成課程に負うところが大きく，その部分での教育を担う責任を改めて痛感しています。

　まずは，こうした基本に立ち返り，そのうえで，児童養護施設間のほかの心理職との交流の機会をいかに広げていくことができるのかが，次の課題となるでしょう。今回の研修会をきっかけに，少しでもそのネットワークが広がりをみせることを期待しています。

コラム③

英国の児童福祉制度(3)
―― 情緒障害児短期治療施設,マルベリー・ブッシュ・スクール
(Mulberry Bush School)における実践

　ここでは,英国南西部のオックスフォード州にある,マルベリー・ブッシュ・スクールについて詳しくご紹介したいと思います。この施設は,もともとは,第二次世界大戦中の1948年に,ロンドンからの疎開児を集めた「子どもの家」が始まりでした。ちなみに,この施設の基礎を築いたドリスデイル(Dockar-Drysdale, B.)は,ウィニコット(Winnicott, D. W.)やボウルビィ(Bowlby, J.)のスーパーヴィジョンを受けていた人物でした。その後,1989年施行の子ども法(Children's Act)に基づいて脱施設化が図られ,それまでの大舎制から現在の小舎制に変わりました。

　ここは,5～12歳までの,英国の小学校年齢にあたる子どもたちのための施設ですが,最長13～14歳までの措置延長が可能です。そして,子どもたちは英国全土の,自宅,里親宅,養親宅,寄宿学校等から措置されてきます。基本的に入所期間は3年間で,措置費用は子ども1人につき,日本円にして年間約3,000万円とのことです(2007年現在)。これを「子どもサービス」の保健・教育・福祉の3部門が合意のうえ,それぞれが分担して支払うことになります。この金額は日本のそれと比べると,まさに目をむくような高額ですが,以下にご紹介するような施設の充実を図るためには,納得のいくものだとも思われます。

　さて,この3年間という期間には,次のような意味があります。1年目は,施設での新たな生活に慣れること。2年目に入ってようやく「治療」ができるようになり,そして3年目は施設を離れて地域社会に戻るための準備期間ということです。

　施設の外的構造は,生活棟・学校・セラピー棟の3領域に分かれており,そこに約40人の子どもが生活しています。スタッフは合計で108人いますが,その内訳は,生活部門のケアチームが39人,学校部門の教育チームが17人,心理療法チームが4人,ファミリーチームが3人,緊急対応チームが8人,ほかに調理員・清掃員・事務員が配置されています(2007年現在)。子ども40人に対して大人が108人ですから,施設の中はむしろ大人の存在のほうが目立つといっても過言ではありません。

　子どもたちの基本的な生活パターンは,次のようになっています。毎朝,生活棟のスタッフに送られて通学し,昼休みには学校の教師に送られて生活棟に戻り,ランチ休憩をとります。その後,再び生活棟のスタッフに連れら

コラム③続き

れて学校へ行きます。つまり，子どもの面倒をみる大人が，しっかりと一方の手からもう一方の手へと橋渡しすることで，場面から場面への子どもの移行をよりスムーズにすることが，心がけられているのです。春・夏・冬の長期休暇には，子どもたちは必ず家庭（里親宅）に戻りますので，施設で生活するのは1年52週間のうちの38週間ということになります。

それでは，以下に，より具体的な施設での生活について紹介していきたいと思います。

1. 生活

生活棟は全部で4棟あり，1棟には9～10人の子どもが男女混合で生活しています。それぞれの棟（以下ホーム）には，子どもたちが考えた名前がつけられています。それぞれが大きな一軒家といった趣で，庭があり，台所や居間もあります。子どもたちは，個室（約1.8坪）か，1部屋に2人で生活しています。あるホームに一度入ったら，原則として入所期間中はそのホームで生活します。一つのホームにスタッフは10人おり，交代で2人が当直にあたります。1人の子どもに対してキーワーカーが核となる3，4人のグループ体制を組み，スタッフは1人で2，3人の子どもを担当しています。スタッフは交代勤務[*1]ですが，こうしたグループ体制を組むことで，常時，担当となるスタッフの誰か1人は子どものそばにいることが可能になる，という工夫がなされています。この担当者も原則として，子どもの入所期間中は替わりません。1軒のホームには，それぞれ調理師がおり，子どもたちのリクエストを考慮しながら毎日の献立を考えます。ですから，当然，ホームごとに食事の内容も異なります。

子どもの居室は，壁の色やカーテンも，子どもが自由に変えられるようになっており，学期ごとに色を変えたりする子どももいますが，それによってその時々の子どもの心の状態がよくわかると考えられています。私が見学に行った際の印象も，それぞれの居室は本当に個性豊かなものでした。また，庭や居間，各居室の手入れなども，子どもたちが共に工夫しながら，自分たちの「ホーム」を作り上げていきます。このように，子どもたちがここは自分の家だと感じられることで，家具や備品等を乱暴に扱うことが少なくなるといいます。

とはいえ，入所後の間もない不安定な時期には，暴れて壁や家具を壊して

[*1] スタッフの居室は，子どもたちの居室と並んで配置されている。これら4軒のホームはそれぞれ独立した建物だが，緊急時に備えて，2軒ずつ，2階部分がつながった構造になっている。普段はその扉は開かれず，互いの行き来はないが，夜間の緊急時に，他の職員による援助が必要な場合は，すぐに隣家に渡っていけるように工夫されている。

● コラム③続き

しまう子どももいます。そのような事態に備えて、壁はできるだけ頑丈に作られているのですが、それでも穴が開いてしまったときには、即座に修理できるよう営繕係が常駐しています。穴が開いたままで何日も放置しておくと、子どもは「自分の攻撃性や破壊力がこんなことをしてしまった」ということを、目のあたりにしながら生活しなければなりません。現実の守りが弱いところでは、心理的に守られた感じはせず、それでは到底抱える環境であるとはいえません。そういうものを放置するのは、絶対によくないのです。ですから、すぐに営繕係が飛んできて修理をし、「たとえ破壊してしまっても大丈夫なんだよ。ここは安全で、あなたの攻撃にもびくともしない。あなたは守られているんだよ」というメッセージを、建物といったハード面からも伝えようとしているということです。まさにウィニコットのいう「抱える環境」というものを、こうした具体的なレベルから実践されているのでしょう。子どもに対し、「ここは安全で、自分のことを抱えることができる環境なんだ」ということを、目に見える形で提示しているのです。私が訪問した際に、施設長は、「蹴っても叩いてもなかなか壊れない器が、この子どもたちには必要なんだ」と語っておられました。

さて、棟内にはたくさんのポスター等も貼られていますが、悪い言葉が使われているものは決してありません。ネガティブな言葉はいっさい目に入らないようにされています。子どもたちはこれまでの生活のなかで、周りの大人たちから嫌というほどネガティブな言葉を浴びせられてきており、そうした言葉を当然のように多用します。しかし、「施設としてはそういう言葉は使いません」ということを、ここでもやはり具体的なレベルで示すそうです。ポジティブな言葉のイメージを注ぎ続けるのです。また、子どもたちの写真や作品なども、たくさん壁に貼られています。

入浴に関しては、これは日本との文化の違いもあると思われますが、必ず一人ずつで行われます。なかには性的虐待を受けてきた子どももいますので、性的な刺激になるような可能性があることは避けられているのです。低年齢の子どもで体の洗い方がわからない場合には、子どもは水着を着て、スタッフは服を着たままで個室の浴室に行き、スタッフが洗い方を教えます。その後、「私は出て行くから水着を脱いで、今、教えたように洗いなさい」という指導が行われているそうです。

さて、生活棟のスタッフは週に一度家族に電話をして、1週間の子どもの様子を報告します。子どもは全国から入所してきていますので、遠方の場合はなかなか面会に来られない家族もいます。そういう場合は、生活スタッフが家庭訪問をして、家族を面会に連れ

コラム③続き

てくるということもされています。

2. 学校

ここでは学年別のクラス分けではなく、入所時期や子どもの状態によって、三つのステージによるクラス分けが行われています。

第1ステージは、入所当初の子どもたちです。この子どもたちは、ほぼ学習するなどという心理的状態にはないという理解のもと、まずは落ち着いて机に向かうことを目指します。これがクリアできると、次は第2ステージです。かなり落ち着いて座っていることができ、ある程度は学習に取り組める段階です。そして、最終的には第3ステージで、それぞれの学齢に応じた学習内容に取り組むというように、段階を踏んで子どもの状態に合わせた取り組みがなされています。

この最終段階になると、子どもは地域の小学校へも通い始めます。そしてここでもまた、驚くほど小さなステップが踏まれます。まず、相手先の小学校の子どものなかから、好きな遊びや趣味などが合いそうだと思われる子どもが選ばれ、文通を始めます。その後、お互いの学校を訪問し合い、慣れてきたところで週1時間程度の通学を開始します。その際には、文通相手の子どもの隣の席に座るよう配慮されます。そして、週1日、週数日と、少しずつ地域の小学校に通う時間を増やしていくのです。あくまでも、子どもにとっての最終目標は、地域社会への再統合です。そのためには、焦らず、時間をかけてゆっくりと、というきめ細やかな対応がなされているのです。

3. 心理療法

心理療法チームには、子どもの精神分析的心理療法のトレーニングを受けた、常勤の子ども・青年心理療法士が4人います。心理療法チームの主な仕事は、入所してきた子どものアセスメントです。個人心理療法を受ける子どもは、入所している子どもの約1/3だそうです。これは、基本的に生活全体を治療の場としてとらえ、必ずしもすべての子どもが心理療法を受けるべきだとは考えられていないためです。

心理療法士は通常セラピー棟におり、生活チームとは完全に分かれています。子どもが日常生活場面で心理療法士と顔を合わせることは、極力控えられているのです。ただし、生活棟のスタッフや学校教員との、あるいは家族を含めたカンファレンスには必ず出席し、連携を図ります。スタッフへのコンサルテーションや、ケースカンファレンスへの参加は、心理療法士の大切な役割だと考えられているのです。

この心理療法チームには、非常勤の児童精神科看護師が1人常駐しています。入所時点では、ADHD等の診断を受けて投薬を受けている子どもも多いのですが、入所後はまず、投薬なし

コラム③続き

で生活することを目指します。そのため，児童精神科医は配置されていませんが，必要に応じて地域の GP[*2] に受診します。実際，施設での生活に慣れ，落ち着くなかで，ほとんどの子どもたちが投薬を必要としなくなるということです。

また，生活スタッフには，「生活環境こそがセラピーだ」という考え方に基づく，「環境療法」という言葉があります。つまり，生活環境のなかで治療的に関わることが基本にあって，そこにプラスアルファとして心理療法があるという考え方です。心理療法士には，実際に心理療法をするだけではなく，心理療法を行っていない子どもについても，カンファレンスで話を聞くなかで助言をしたり，違った視点から意見を述べるなどといった役割があるのです。

私は，日本に帰国して以来，児童養護施設等でいろいろなお話を聞かせていただく機会を持ち，近畿圏内に限られてはいますが，そこで仕事をする心理職に関する調査・研究を行いました（第1章）。日本では，情緒障害児短期治療施設や児童養護施設で，「心理療法担当職員」として雇われている人たちがまったく生活場面に介入せずに，心理療法士としての仕事に専心している所と，心理療法士も生活場面に入って子どもの直接処遇にかかわっている所とが，混在しているようです。このあたりは議論の分かれるところかもしれませんが，英国の感覚では，心理療法士が生活場面に入って子どもたちと一緒に何かをするということは，まずあり得ません。

これは，心理療法士も実際に生活場面に入らないと，子どもたちの本来の姿がわからないのではないか，といった意見と対立するものかもしれません。しかし私は，子どもたちと生活場面を共にしながら同時に心理療法も行うということになると，生活場面も心理療法場面もともに混乱を来すことになると考えます。さらに，心理療法の空間と，そこで生じる子どもと心理療法士の関係性を大切に守っていくということを考えると，心理療法士はやはり生活場面には入らないほうがよいという原則は，あってしかるべきだと思っています。むろん，心理療法士はそのぶん，ケースカンファレンスに出席するなど，子どもたちの生活場面での様子をできるだけ聞こうと努めるべきです。しかし，自分が実際に生活場面に入って子どもを見るということはあえてしないということが，基本的な心理療法士のスタンスであるべきでしょう。

[*2] General Practitioner（一般診療科医）。英国民および英国に6ヵ月以上滞在する者がその居住地近くで登録し，必要に応じて受診する。各科専門医には，このGPを通じて紹介されるシステムになっている。

コラム③続き

4. 緊急対応

さて、話をマルベリー・ブッシュ・スクールに戻しましょう。

これだけの環境が整えられているとはいえ、やはり、一時的にでも集団の中で過ごせないようなパニックに陥る子どもは少なくありません。その際、スタッフが身体的制限をしなければならないのはやむを得ないことですが、ここにはそうした事態に特別に対応する、サポートチームがあります。このチームには、8人のスタッフが配置されています。これは、子どもがパニックを起こしたり暴れたりして、その場にいるスタッフのみでは対応できなくなったときに備えた、いわば緊急対策要員です。

彼らは、子どもをそのパニック状況／場面から引き離して、シッフォード（Shifford）*3 という部屋に連れて行きます。そのそれほど大きくない室内には、大きなクッションや画材、ゲームなどが用意されています。ここで子どもたちは、担当スタッフと一対一で静かに時間を過ごして気持ちを落ち着ける、というわけです。つまりこのチームのスタッフは、「この場を離れましょう」とか、「絵を描いたりして心を落ち着けましょう」といったことを行うことのみに専念するのです。

ここで工夫されている点は、その8人のスタッフの役割がこうした緊急対応のみではなく、週末の外出や特別行事のプログラムを立てるなど、いわゆる「課外活動」の役割をも担っているということです。ですから子どもたちは、この担当スタッフに対しては、「パニックを起こして暴れたら罰のために連れて行かれるんだ」というイメージではなく、むしろ「週末はお楽しみ係をやってくれる先生たちだ」という、非常にポジティブなイメージを抱いているのです。つまり、パニックになったときにそのスタッフが来ても、罰する係というイメージは持たれていないのです。自ら「シッフォードへ行く！」と、気持ちの避難所として利用する子どもたちも多いそうです。

さて、こうした緊急対応のためのスタッフがいることで、生活場面や学校場面で誰かがパニックを起こしても、大人がその子どもにかかりきりになって他の子どもたちの世話ができなくなったり、次々に子どもがパニックの連鎖反応を起こしたりするといった事態を防ぐことができます。実際、私が訪問した際にも、子どもがパニックを起こして騒いでいたのですが、その連鎖反応は起こっていませんでしたし、他の子どもたちも「また誰かが騒いでいるけれど、大丈夫でしょう」とでもいうような落ち着いた様子で、そこから冷静に距離を置いていることに驚かされました。

---

*3　施設の近くにある、川の急流をせき止める岩場からとって名づけられた。

● コラム③続き

5．家族対応

さて，子どもたちがこれだけきめ細やかなケアを受けている一方で，その子どもたちが戻っていくことになる家族のケアについては，どうなっているのでしょうか。そこは，常勤のソーシャルワーカー（SW）4人からなる，ファミリーチームが対応しています。彼らも心理療法士同様に，子どもの生活場面に入ることはありません。

彼らは，週に一度は必ず家庭に電話をして，家族の様子を聞きます[*4]。また，学期に一度は家庭訪問をして，実際に家族の様子を見るということも役割の一つです。もちろん，家族が子どもの面会に来ることを促したりもします。そして，措置先のソーシャルサービスのSWと協力して，子どもの現在や将来の措置等について考える役割も担っています。

さて，ここで「家族」と呼ばれるのは，必ずしも実親を含む家族であるとは限らず，里親や養親の場合もあります。実際，ここに措置されている子どもたちの約1/3は，里親宅からの措置です。こうした子どもたちは，長期休暇中ももちろん，その里親宅に帰ることになるのですが，ときには，入所してきた際の里親宅とは別の里親宅に帰省せざるを得ない状態に陥る子どももいるという，厳しい現実もあります。

以前には，ファミリーセラピストが家族療法を行っていたそうです。しかし，遠方であることなどを理由にセッションに参加できない親も多く，またこのように入所している子どもの約1/3が里親宅からの措置であるといった現状もあり，現在では家族療法は行われなくなったということです。

6．措置機関の対応

では，措置機関である，地域のソーシャルサービスの関わりはどうでしょう。法的には，子どもが施設や里親宅に措置された場合，SWは最低でも6週間に一度は，子どもとその家庭を訪問することが義務づけられています。とはいえ，実際にはなかなかそのようなペースでの訪問はかなわず，たいていは半年に一度，子どもに関するカンファレンスが行われる際に参加するのが精一杯，というのが現状のようです。

7．子どもたち

ほんの10数年前までは，いわゆる抑うつ傾向にある子どもなど，表立っては大きな問題行動を示さないのですが，何らかの治療的介入が必要だと考えられる子どもたちが，入所児の大半を占めていたそうです。ところが昨今，被虐待児の増加に伴い，明らかに

[*4] 先に触れたとおり，生活スタッフも週に一度は家族に電話をかけて，子どもの生活場面での様子について報告しているが，こちらはあくまでも家族の様子を聞くということが目的であり，電話の趣旨も内容も，生活スタッフのそれとは異なる。

● **コラム③続き**

地域社会では抱えきれなくなってしまった子どもたちが，入所児童のほぼ100％を占めることになっています。これは，日本の児童養護施設の現状とも，大いに重なる部分であると思われます。

だからといって，前者のような子どもたちがまったくいなくなったとは考えられず，そうした子どもたちは今，地域社会のなかで，どのようにして過ごしているのだろうか……ということが，ここで長年勤めてこられたスタッフの方々の気がかりであると，うかがったことがあります。目に見える派手な問題行動を起こす子どもたちの影に隠れて，静かに苦しむ子どもたちの存在……。こうして考えると，英国でも子どものウェルビーイングに関する問題は，山積みだといえそうです。

また，愛着理論の観点から，英国では5歳以下の子どもたちには施設措置は行われていないのですが，この施設に入所している子どもの大半は，無秩序・無方向型アタッチメント（Disorganized/Disoriented Attachment）[*5]を示すと考えられているそうです。たとえば低年齢の子どもの場合，その基底欠損ともいえる愛着の基礎の修復は，スタッフとの関係で埋めることができる可能性もあるかもしれません。しかし，こうした施設が，子どもたちに「環境」という「治療」を提供するなかでの課題としては，必ず埋めきれないものがあるということを，子ども自身がどう理解し，受け入れていくのか，その過程をスタッフが共有していくことこそが，「治療的環境」であると考えられているということです。

つまり，ここで暮らす子どもたちは皆，重々しい喪失を経験してきているのであり，そこには単なる悲しみばかりではなく，見捨てられたことに対する怒りや攻撃の感情，自分が家族を追いやってしまったのではないかといった罪悪感なども，含まれるのです。つまり，ここで求められているのは，まさに精神分析がその仕事の核を置く「喪の作業（mourning work）」であるといえるのではないでしょうか（Freud, 1917; Klein, 1935）。

以上が，マルベリー・ブッシュ・スクールの概要ですが，イングランドおよびウェールズ[*6]には，こうした情緒障害児短期治療施設（受け入れ年齢が5歳から18〜19歳までと，幅広い施設も含む）が14カ所，スコットランドには2カ所あります。

こうした施設全体の特徴としてまと

---

*5 恐怖や不安の感情調節の機能不全や認知機能の歪曲を内包し，愛着にまつわる多様な要素が組織化されずに混乱している状態のこと（数井，2007）である。つまり，さまざまに矛盾した行動をとり，（愛着）対象に対して一貫した行動がとれない状態であるといえよう。

コラム③続き

められることは，たいていが施設内学校を併設しており，教育に力を注いでいるということです。同時に，施設内学校から地域の学校へ通う機会を設けることで，最終的には，子どもたちが地域社会で生活していけるようになることを目指すのです。また，治療部門と生活・学校部門がはっきりと区別されており，心理療法士は施設勤務といえども，子どもたちの生活場面に姿を見せることは極力避け，一般外来クリニックで行われる心理療法と同様に，治療関係の維持に努めていること。これらが共通の特徴として挙げられます。

一方，こうした施設であっても抱えきれない子どもたちが存在することもまた，辛いことですが現実です。そうした子どもたちは，セキュア・ユニット（Secure Unit）と呼ばれる施設で暮らすことになるのが常です。ここは，いわゆる鍵のかかる施設であり，主な入所対象児は触法少年です。こうした施設でも，居室は個室です。

しかし，まったくニーズの異なる子どもたち，すなわち，虐待という背景から家族の元には戻れないけれど，情緒障害児短期治療施設という枠内では抱えきれない子どもたちと，いわゆる反社会的な行動から施設に入所している子どもたちが一つ屋根の下で暮らすということには，やはりかなりの無理があります。そこではさまざまな問題が起きているようです。しかし，ほかには適切な居場所がない子どもたちがいる，というのが実情であり，この点は今後の課題であるといえそうです。

＊6　英国は，イングランド，ウェールズ，スコットランド，北アイルランドという四つの大きな地域から成り立っており，政治的にはそれぞれに自治独立している分野と，英国全体として統治が行われている分野がある。ロンドンや，マルベリー・ブッシュ・スクールのあるオックスフォード州はイングランドに属する。

第4章 里子として育てられる子ども，ピーターとの精神分析的心理療法をめぐる経験から

　さて，ここでピーターの事例に入る前に，子どもの精神分析的心理療法が，いわゆる虐待を受けた子どもたちに対して過去にはどのような考えを持っていたのか，その歴史的背景について手短に触れておきたいと思います。

　1980年代に至るまで，一般的に，子どもの精神分析的心理療法は，極端な情緒的・社会的剥奪を経験した子どもを援助することはできないと考えられていました。その当時までの子どもの心理療法の典型的な患者は，いわゆる"中流階級の"子ども，つまり，会話や描画，きちんとした象徴的遊びを通してコミュニケーションができる子どもであったからです。被虐待児の多くは，面接室に入ることすら困難なことがあります。そこで，こういった子どもとの心理療法では，かなりの期間，面接室の中と外の両方において子どもが見せる混沌とした行為を通じ，子どもが伝えようとしていることに焦点を当てなければなりません。このような状態では，心理療法を行うことは不可能であると考えられていたのです。しかし，主にソーシャルサービスを通じて，当時からこうした子どもたちへの心理療法の依頼を受けていたタビストック・クリニックでは，ワークショップ形式で，こうした子どもたちとの心理療法のプロセスについての記述的研究を開始しました（Boston & Szur, 1983）。

　その後も引き続き，タビストック・クリニックでは，1988～1994年にかけて，こうして治療不可能であると見なされていた子どもたちとの心理療法について評価し，臨床実践を妨害しない形でその心理療法について研究する

方法論を，発展させていきました（Boston & Lush, 1994; Boston et al., 1991）。

　この研究の詳細については，『子どもの心理療法の調査・研究』（Midgley et al., 2009）に譲りますが，ここでは，環境の変化や子どもたちの成長・発達といった側面よりも，学ぶことと考える力における改善，そして心の痛みに対する耐性の増加により，情緒的接触が可能になったことなどが報告されるなど，心理療法がこうした子どもたちに確かに改善をもたらすのだということが示唆されています。

　また，より深刻な虐待の経験を持つ子どもについては，アタッチメントと全般的な発達的機能の質においても，心理療法によって，意味のある成長・発達をみせるということも確認されています。そしてこれは，いわゆる被虐待児のみに当てはまることではなく，心理療法を受ける子どもたちに広く応用できるものであると，締めくくられています。

　その後も，タビストック・クリニックのみならず，英国の公的精神保健クリニックで，こうした子どもたちを対象に広く心理療法が行われてきていることは，周知のとおりです。そして，本章でご紹介するピーターも，そういった子どもの一人でした。

　さて，ここでご紹介するピーターは里子として育てられていた子どもであり，児童養護施設に入所していた子どもではありません。しかし，最早期の体験が，決して十分にほど良いものだったとはいえないという意味においては，多くの日本の児童養護施設に入所する子どもたちと重なる部分が多いのではないかと思われます。また，ピーターとの心理療法で現れていた事象，特に，転移・逆転移については児童養護施設に入所する子どもとの心理療法の実践においても参考になる面が多いのではないかと考え，ここで私のピーターとの精神分析的心理療法をめぐる体験について，振り返りたいと思います。

　ピーターとの心理療法を行うために，私が彼に初めて出会ったとき，彼は5歳になったばかりでした。

第1節　ピーターとCAMHSクリニック[*1]

1. ピーターの生育歴

　ピーターは，ナイジェリア人の父親と，マルタとヨルダン出身の両親を持つ母親との間の子どもでした。このような複雑な人種的ミックス（mixed race）は，ロンドンで暮らしているとさほど珍しいことではありません。しかし，このような子どもたちが実親の元で暮らせなくなり，里子か養子になる場合，事態は非常に複雑になってきます。ピーターの場合もそうでしたが，この困難さの一つに，ピーターの両親が共にイスラム教徒であり，ピーターにもイスラム教徒として成人してほしいという希望を抱いていたということが挙げられます。また，ピーターの人種的背景から，ソーシャルサービスでは，黒人家庭がピーターの養子先として適当であると考えていたのですが，「黒人家庭との養子縁組で，かつイスラム教徒である」という条件に合致する家庭は，実際にはなかなか見つからなかったのです。

　そもそもピーターが公的保護のケアを受けることになったのは，統合失調症の父親と，ピーターを出産以来抑うつ状態にあった母親との不仲が発端でした。ピーターは生後間もなくから満2歳になる頃まで，暴力的な父親から逃れるためと，精神的に不安定な母親の状態により，母親との二人での生活から，母方の叔母宅での暮らしのほか，さまざまな里親家庭の間を転々とする生活だったとのことです。父母の離婚は早期に成立していましたが，母親にはピーターを養子に出すという決心がなかなかつかず，少しの間ピーターを引き取っては，やはり自分には子育ては無理だとあきらめてソーシャルサービスに泣きつく，ということの繰り返しであったようです。

　しかし，ピーターが満2歳を過ぎた頃，母親はようやくピーターを養子に出す決心をし，ピーターはモロッコ系イスラム教徒の家庭に，正式な養子縁

[*1] 英国の公的医療システムにおける，子ども・思春期精神保健サービス（Child & Adolescent Mental Health Service）のこと。各行政区ごと配置されており，長期的・慢性的かつより複雑な問題を扱う。子ども・青年心理療法士のほか，多職種の専門家がチームを組んで個々の事例にあたる，多職種協働チーム体制がとられており，心理療法，心理検査，精神科診断などの精神保健サービス全般が，無料で受けられる。詳しくは鵜飼（2010d）を参照のこと。

組先が決まるまでの短期間という条件で，引き取られることになったのです。この家庭には，里親夫妻と彼らの3人の実子（ピーターより年長の男児と女児が1人ずつ，ピーターより1歳年下の男児が1人）がいました。

　ピーターのように，親から安定した一定の愛情を注ぎ続けられるという体験に乏しい子どもは，自分は愛されるに値しない，あるいは親の関心を引き続けるに値するほど良い子どもではないという，自分自身に対する無価値観を抱くようになります。フォナギーら（Fonagy et al., 1992）は，こうした状況では，子どもは情緒を調節する能力や，課題に挑戦し続け，希望を抱き続ける力，そして成功を期待する能力が損なわれると指摘しています。

　こうして里親家庭で暮らし始めたピーターですが，彼は心理的に非常に不安定で，この家庭でも，家庭から通うことになった保育所でも，まったく落ち着きがなく，他児に対する暴力も見られたとソーシャルサービスに報告されています。この間も，ソーシャルサービスによるピーターの養子縁組先を探す作業は難航していました。当初は，短期間ということでピーターを引き取ったこの里親家庭でしたが，その期間が長引くにつれてこうしたピーターの扱いに家族全体が疲弊し，ときにはレスパイトケアを利用せねばならないほどでした。

　そのようななか，ピーターは，里兄姉らが通う地域の小学校に入学することになりました[*2]。しかし，彼は教室内でじっと座っていることはもとより，何ひとつとして，他児と共に活動に参加することができませんでした。そして，他児や教師に対する暴言・暴力はエスカレートしていくばかりだったのです。学校という場においてもピーターは，とうてい課題に落ち着いて取り組むなどということができるような心の状態にはなかったのでしょう。そして，学ぶことも何かを成し遂げることもできない自分自身に対して，不適切で価値がないという思いを，よりいっそう強めていったのではなかったでしょうか。

　さて，そのような状況のなか，ピーターの担当ソーシャルワーカー（以下SW）は，ピーターの心理的ケアの必要性について，当時私が勤務していた

＊2　英国の就学年齢は，子どもが満5歳を迎える年度である。

地域の CAMHS クリニックに相談に訪れたのです。

2. CAMHS クリニックの関わり

　当初は，女性の臨床心理士と，男性の子ども・青年心理療法士（Child & Adolescent Psychotherapist：以下，前 Th）がペアを組んで，それぞれにピーターの学校での様子の観察や，教師に対するコンサルテーション，またピーターのアセスメントを試みました。

　しかしピーターは，前 Th とのセッションでは，里母と離れて二人だけで部屋に入ることを断固として拒み続けたのです。そのため前 Th は，ピーターと里母が同室での，週1回50分という設定で，ピーターの行動観察を主体とするセッションを始めました。その約1年後，前 Th の退職が決まったのですが，その頃には，里母はピーターのセッションへの同行に疲れを見せ始めていました。里母は，これ以上ピーターの心のケアに関わることは，自分にとって負担が大きすぎると感じていたのです。

　そこで，新たな担当者として私が紹介されるとともに，クリニックへは女性ヘルパーが専属の年配男性運転手に伴う形で通ってくる，という新たな枠組みが設定されることになりました。同時に，担当者の変更に伴って，ピーターが一人で心理療法を受けられるようになることを目指すことになりました。そこでピーターには，前 Th より，今後はこれまでとは別の部屋で，一人で新しい心理療法士と会うことになるのだ，という説明がなされたのです。

　通常は，こうしたいわゆる措置の移行期にある子どもに対する心理療法は，措置の状況が落ち着くまで待たれることが多いものです。しかし，ピーターが長期的に暮らす里親家庭が見つかるまでの期間ということで暮らしていたこの里親家庭での生活も，すでに長期化していました。また，次の里親家庭を見つけることがかなりの難航状態にあり，里親家庭や学校でのピーターの適応も難航を極めていました。そこで，心理療法について，長期的に暮らす里親家庭が見つかるまでの間，彼が少しでも心を落ち着けて暮らすことができるようになるために，きっちりと自分自身に向き合う時間を持つことが大切だといった趣旨の説明が，ピーター本人にもなされたのです。

こうして，里母のピーターのセッションへの送迎や入室といった関わりは終わりになりました。しかし，彼女は引き続き，必要な電話連絡などにはきっちりと対応し，クリニックと学校，ソーシャルサービスが定期的に持つカンファレンス*3 などにも，積極的な関わりを保ち続けました。

第2節　心理療法の経過

1．最初の出会い（X年10月）

こうした状況のもと，私はピーターと出会うことになったのですが，彼は私が臨床訓練生として出会った最初の子どもとなりました。

さて，私はまず，里親と前 Th と共に，ピーターにとっては初めてとなる私の部屋で，ピーターに紹介されました。このときのピーターは，大きな瞳をまっすぐに見開いて，愛らしい表情で里親と前 Th に交互に抱きつきながら，私との出会いにとても恥じらいを感じている様子を見せていました。私は前 Th から，ピーターと共に部屋にいることがいかに困難に感じられるのかということ，ときには前 Th に対して，「絶対にこの悪魔のような前 Th と二人きりで部屋にいることなどできない！」とわめき散らしていたといったことを聞いていましたので，こうしたピーターの振る舞いには，驚きと戸惑いを隠せませんでした。

ピーターは前 Th に対して，「あなたのことが大好きだったから別れたくない。こんな知らない人と会うのは嫌だ」と，甘えた声ですがりつくのです。前 Th は，「僕のことを好きだったって？ そんなこと一度も言ったことないじゃない。僕のことをずっと，ありとあらゆる言葉で罵って，大嫌いだって言い続けていたよね……。僕がクリニックを去ることになって，新しい心理療法士（以下 Th）と新しいセッションを始めていくということが待ち遠しくて仕方がないって言ってたよね……。でもこうして実際に新しい

---

*3　施設入所や里親委託などの公的保護を受ける子どもたちについては，措置機関であるソーシャルサービスが，他の関係諸機関を集めて，事例によって3～6カ月ごとに定期的にケースカンファレンスを開くことが義務づけられている。そこでは，現在の生活状況の振り返りを行って各機関が情報の共有を図るとともに，今後の措置の継続や変更の必要性等についての検討が行われる。

Th に会ってみたら，急に僕のことが大好きな良い人になって，僕との別れが辛くなってしまった。そして，このミス・ウカイのことが恐ろしい人に見え始めたのかな？」などと，言葉を返していきます。

このようにピーターの複雑な心持ちについて話を続けた後，私たちは，これからはピーターはこの新しい Th である私と二人で，毎週 1 回この部屋で会うことになるのだということを確認しました。ピーターは，この時点ではむしろ，この新しい設定に対して肯定的な関心を示していたようにすら思われました。とはいえ，前 Th も里親も，そして何よりも私自身が，ピーターが本当に私と二人だけで 50 分という時間を過ごすことができるのだろうかといった不安を，隠しきれずにいました。

ピーターは，前 Th の不在という悲しみばかりか，自分が前 Th によって見捨てられたことに対する怒りの感情，そして「僕が前 Th を（そしてその背後にはパパを，ママを）追いやってしまったの？」という，潜在的な考えや罪悪感に取りつかれていたのではなかったでしょうか。前 Th が去っていくという出来事は，ピーター自身の養育の連続性の欠如といった，ごく最早期の体験を再び喚起する体験であったのかもしれません。

2. ピーターとの心理療法（X 年 10 月～X+2 年 6 月）

不安は的中しました。ピーターは，待合室から部屋まで何とか私と二人でやってくることができたとしても，部屋の中では，いかに前 Th が素晴らしい人であったのか，それに引き換え私はなんて愚鈍で醜い女なのだと攻め立てます。そして，私の英語の訛りを真似しては，とんでもない豚女だと罵り，部屋を飛び出そうと試みます。もちろん，私のどんな言葉かけも，こうしたピーターの罵り声にかき消されてしまいましたし，ときには部屋の中のものを私や窓をめがけて投げつけたり，直接私を蹴ったり叩いたりもします。そして，毎回のように部屋への入室を拒んだり，入室しても私への暴言・暴力がエスカレートし続けるため，しばしばセッションを中断せねばならない状況にすら陥りました。

一方，ピーターに同伴してクリニックに来ていた女性ヘルパーには，自分のほうが私よりもずっと，ピーターの心理療法士としては適切なはずだとい

う，あからさまなライバル心がありました。ピーターのなかに，「優しくて親切なヘルパーの手から，意地悪で役立たずのTh（私）の手へと引き渡される」という見事な分裂の構図が出来上がるのに，時間はかかりませんでした。ヘルパーはピーターが心理療法の空間をよりよく用いることができるように助けるのが仕事である，そのためにThのことも支えてほしいという方向で，このヘルパーとピーターの担当SW，私自身と私のクリニックでのスーパーヴァイザー（以下SVor）が，共に何度も話し合いを持ちました。しかし，私には最後まで，この問題が双方の納得する形で解決されたとは思えないままでした*4。

そして，こうした状況が，ピーターと私との関係をより複雑なものにしていたことは，言うまでもありません。つまり，ここではピーターをめぐるセラピーチームが，チームとして機能していない状況にあったのです。これはまるで，ピーター自身の生育歴が，このセラピーチームのなかで再現されていたかのようでした。これは，ピーターのなかにある情緒的要求や期待，すなわち，自分はどうせ誰からも愛されず，いずれは見捨てられてしまう存在なのだ……誰も自分のことなど真剣に考えてくれることもなければ，自分とつき合っていく覚悟なんて持てないに決まっている……といった思いから派生していたものだと考えることもできるでしょう。

また，この頃のピーターには，前Thとの別れの作業ができるような心のスペースはないに等しく，むしろ彼は，より最早期のより根源的で自分の生命に関わるような領域での自分の存在価値を，まさに命をかけて問いかけていたのではなかったかと思われます。ピーターは心理療法のあらゆる境界を破り，約1年半の心理療法の期間に，50分間を私と共に部屋で過ごすことができたのは，実に両手で数えられるほどでした。

心理療法士は，たとえばヘルパーのようにクリニックへの送迎をしたり，里親のように養育をしたりするといった，具体的な何かを提供することはし

---

*4 その背景には，彼女のさまざまな個人的事情があったものと思われる。このSVorは，それぞれの役割をまっとうするなかでピーターを共に支えていく協働の大切さについて，このヘルパーと何度も個人的な話し合いを持ってくれた。私はこのSVorから，決してあきらめず，ねばり強く前向きに物事に向かい続ける心理療法士としての姿勢を学んだと感じている。

ません。しかし，そもそも**心理療法とは，重要ではないものが取り除かれたセッティングのなかで提供される出来事**，そして，そこにいる二人の人間の関係が，最も重要な経験として特徴づけられるものなのです。つまりそこには，相互の出会いと関係性，そして自分について深く考え続ける人間の能力が求められるのです。ピーターには，どれだけ暴言を吐き，暴力をふるっても，自分のことを最後まで見捨てないでいてくれるべき，私という人間に対する関係性への希求が，確かに存在していたと思われます。しかし，そのように誰かとの親密な関係性を求める自分自身の気持ちに対する混乱もまた，同時に存在していたことは明らかであったといえるでしょう。ピーターは，私との関係においては特に，闘争／逃避的な行動にとらわれてしまっていたようです。

　そして，私の発するいかなる言葉にも我慢ができず，耳を覆うか，私を黙らせるために叫んだりするばかりか，身体的に攻撃したり，部屋から飛び出してしまったりすることが続くようになっていたのでした。ピーターにとっては，私の発するいかなる言葉も，侵入的で圧倒的なものとして受け止められていたのでしょう。アルバレス（Alvarez, 1992）は，解釈を与えることについて慎重である必要性について述べるなかで，まずは，絶望に対抗するような希望を与える，別の視点が必要だと言います。ピーターの心の中核であったと思われる，見捨てられるというテーマは，彼にとってはまさに恐怖そのものであったでしょう。私は，ピーターが私との関係性に希望の光を見いだせるようになるずっと前に，ピーターが前Thから（そして父親からも母親からも），見捨てられてしまったと感じているのではないかということを，伝えてしまっていたのかもしれません。

　ピーターは，私と二人で部屋にいることにこれ以上耐えられないといった状態に陥ったときには，前Thを探し求めるかのように，前Thの名前を叫びながらクリニックの中を走り回ったり，待合室のヘルパーのところに戻っていったりします。またあるときには，部屋の電話から警察に電話をして，「とんでもない女に捕らえられてしまったので助けてください」と訴えるようなことまでありました[*5]。ピーターにとって，私と二人きりで部屋に閉じ込められるということは，自分が欲しているのかいないのかもわからないよ

うな関係性のなかに，まさに無理やりに捕らえられ，閉じ込められるような，閉所恐怖的な不安を喚起される体験だったのかもしれません。

　また，ピーターは，自分が描いた絵や作ったものを自分専用の箱にしまっておくということにも耐えられず，常に強引に持ち帰ってはごみにしてしまうか，その場でずたずたに破壊してしまわねばならなかったのです。これはまるで，自ら，自分の人生には信頼できるものもなければ連続性も存在しないのだと主張しなければ，自分を保ってはいられないとでもいうかのようでした。たとえうまく描けた絵であっても，そのような成功には耐えられなかったのでしょうし，自分にはもっと何かできるかもしれないといった希望など，持ってはいけなかったのでしょう。そのように，何かがうまくいったり希望を持ったりすることそのものが，ピーターの世界のバランスを崩すことになるということだったのでしょうし，そのような希望など，自分から壊してしまわなければならない，ということだったのでしょう。ですからピーターの箱の中は，いつもほとんど空っぽの状態だったのです*6。

　私の逆転移にあった怒りや悲しみ，そしてピーターにはもう二度と会いたくない，あるいはこの心理療法そのものを投げ出してしまいたいなどという気持ち。その一方で，今，この時期のピーターにとって，心理療法は適切ではないのではないかと懸命に知性化を図ろうとしたり，反対にピーターが大暴れした次の週のセッションには，心理療法士としての私が，それでも少な

＊5　このとき警察は，CAMHS の電話番号から発信された電話であったため，事態を深刻には受け止めなかったが，"念のために"安全を確認しようと，クリニックに電話をかけてきた。これ以後，ピーターとのセッションの際には，私は部屋の電話をとりはずしておくことになった。
＊6　当初ピーターの箱の中には，他児と同様に，図画工作のできるような一通りの道具や，人形や小動物などのセットが入っていたが，ピーターはこれらのものは必要ないと，ある時，部屋の窓から投げ捨ててしまった。また，絵の具やはさみなど，投げつけると危険なものは，箱の中から取り除いておかねばならなくなっていた。この空っぽの箱の中を見るにつけ，私はまるで，自分がピーターに何一つ良いものが与えられないばかりか，とても残酷でケチな母親になってしまったような思いを抱いていた。むろん同時に，ピーターは，私が与えようとするものを何一つきちんと受け取ってくれない赤ん坊であり，そのようなピーターに対する私自身の憎しみという感情からも，目をそむけるわけにはいかなくなっていた。
　こうした私自身が自分でも抱えきれないような困難な感情は，先述の SVor をはじめ，タビストック・クリニックでのグループ・スーパーヴィジョンによる同僚からの支え，そして教育分析のセッションにおいても繰り返し窮状を訴え，それをコンテインされるという体験など，実に多くの支えを必要としていた。

くとも生き残っていることだけでも示すために，絶対にクリニックに出勤せねばならないという強い思いが入れかわり現れたりしていました。ピーター自身がこれまでの自分の人生に対して抱いていた，やるせなく，どうにも絶望的で，希望の見いだせない袋小路の中にいること，つまり，「ピーターであるというのはいったいどういうことなのか」を，私はまさに身をもって知らされていたのだろうと思います。

　自分にとって耐え難く，話すことも考えることもできないような感情の投影，こうしたピーターのコミュニケーションを，私には心理療法士として体験し，観察し，それについて考え，コンテインする力（Bion, 1962）が求められていたのでしょう。そして，それこそが，ピーターとの心理療法過程における要であったのだと思います。エマニュエル（Emanuel, 2004）とジャクソン（Jackson, 2004）は，こうした子どもたちとの心理療法においては，遊びや言葉が主要なコミュニケーションになるまでに，数年を要すると言います。

　私がこうした逆転移をうまく用いることが，私のなかに侵襲的に入り込み，それでも私が生き残ることを必要とする，ピーターからの猛攻撃を取り扱う中心的方法であったといえます。つまり，冷静に，ピーターに対して肯定的な関心を抱き続けること，そしてピーターの心に沿って，よく考え続ける力を保持し続けることが，心理療法士としての私には不可欠だったのです……。

　ピーターとの出会いからおよそ2年後，私にはローズという，やはり里子の女の子との出会いがありました[*7]。私は当初，彼女からも，ピーターと同様にかなりの猛攻撃を受けていたのですが，そのときの私のなかに起こっていた逆転移感情は"空虚感"だったのです。ピーターに対して抱いていたような怒りや腹立ち，みじめさや情けなさといった，ありとあらゆるネガティブな感情は，彼女と共にいた私にはまったく感じられなかったのです。むしろ，私に対して暴言を吐いたり，部屋を飛び出していってしまったり，その

＊7　『子どもの精神分析的心理療法の基本』（鵜飼，2010d）所収。

ようなことを彼女が繰り返せば繰り返すほど，私の心はその場からまるで遊離してどこかに行ってしまったような，まるで空っぽになってしまったかのような，そんな不思議な感覚を抱いていたのです。

つまり，私が彼女との関係のなかで体験する必要があったのは，彼女の表面的な言動とは裏腹の，空っぽで空虚な彼女の中身だったのであり，ピーターの絶望と憤懣に満ちた感情とは，たとえ表面上の言動は酷似したものであっても，まったく別の種類のものだったということなのでしょう。

3. X+2年7月──ピーターの養子先家庭が決まる

さてピーターは，ある日 SW より，「お母さんになってくれる人」が決まったこと，そして，その人の家を何度か訪問したり外泊を体験したりした後，夏休みには完全にそちらに転居することになる，という計画を告げられました。この人物は，インド系イスラム教徒の独身女性，ラーリさんで，彼女は自身の母親と二人で暮らしていました。また，ラーリさんはスピーチ・セラピストであり，特別支援教育の専門教師でもあるという職業から，ピーターのように「恵まれない環境で育ってきた子どもが抱える，心理的負担（handicapped）には理解がある」との自負を持っていました。そして，ピーターを引き取った後しばらくは，仕事を辞めて「ピーターの母親になることに専念する」との意向でした。

ある日のセッションに，ピーターはこのラーリさんと共にクリニックにやって来ました。ラーリさんと接しているときのピーターは，愛らしい態度をとっていました。一方で，セッションのなかでは私に対して，これまでには考えられなかったような肯定的で愛情のこもった態度で接し，いかに自分がこの新しい「馬鹿な女の人」のことが嫌いなのかを語るのです。これはまるで，前 Th がクリニックを去ることになった際に，実は前 Th のことを愛おしくも好ましくも感じていたと，急に態度を一変させたときのピーターを思い起こさせるものでした。このときのピーターは，自分が養子になってしまえばもう私とは会えなくなりますし，この関係もここまでだ，と観念していたのでしょうか……。

一方，ラーリさんは，ピーターに対して愛情深いまなざしは感じられるも

のの，どこかいわば"職業的な"，つまり，スピーチ・セラピストとして，あるいは教師としての関わりとでもいうような雰囲気が漂っているといった印象が，私のなかに強く残りました。

　以後のセッションでもピーターは，"あの女の人"のところへ転居したら，自分はなじみのある学校とも里親家庭とも「さようなら」をしなければならず，それがたまらなく不安で寂しいのだといったことなどを，切々と語るようになるのです。このように，自分の考えを静かな調子で話すピーターを，私はこのとき初めて経験していました。思えば，これまで大嫌いで，悪態の限りを尽くした相手である私でさえも，今やピーターにとっては，数少ない，比較的長期にわたって関わりを持った他者になっていたのでしょう。

　以後，夏休みをはさんで，SWと私，そして私のクリニックでの上司でもある前出のSVorが参加して，ラーリさんとの数回にわたる話し合いが持たれました。ラーリさんには，自宅とクリニックまでの距離が遠いという現実的な理由とともに，自分が養母となってピーターを引き取り育てていくからには，ピーターがCAMHSに通わなければならないほど難しく困難を抱えた子どもであったという"過去"は捨て去り，新たなスタートを切らせたいのだという，強い意向がありました。しかし，私たち専門家は，そうした"過去"も含めてピーターなのであり，これから新たにラーリさんとの関係を築きながらピーターが新しい人生を始めていくためには，今しばらくの心理療法の継続が必要であるとの考えを持っていたのです。そこで妥協点として合意されたのは，転居後も月に1回のフォローアップ・セッションを，クリスマス休暇までの4回は行うというものでした。

4．X＋2年9月〜12月——月1回のフォローアップ・セッション

　私は夏休み明けに戻ってきたピーターの変化に，驚かされました。服装はこれまでとは比較にならないほど清楚になっており，ヘアスタイルも整えられています。しかも，ピーターの立ち居振る舞いは，まるで別人のように落ち着いたものになっていたのです。「あの馬鹿な女の人」というラーリさんに対する呼び名は，すでに「ママ」になっており，ピーターが新しい家庭での生活になじみ始めていることがうかがえました。セッションでは落ち着い

て，待合室から持って入った絵本を私と一緒に最後まで読み通したり，「ママ」へのプレゼントとして絵を描いたりするなど，以前にはとても考えられないような状態でした。また，長期間にわたって過ごした里親家庭が今でも恋しいということや，彼らとの別れがとてもつらかったということなどについても，驚くほどに切々と語るのでした。

そして，クリスマス直前の私たちの最後のセッションでは，「ママ」へのプレゼントとして彼女にそっくりの人形を粘土で作り，待合室で待っていたラーリさんに手渡したのです。ラーリさんも，とてもうれしそうにそれを受け取っていたのが印象的でした[*8]。

第3節　養子縁組の失敗（X+3年1月～X+4年1月）

1. いきさつ

私たちのクリニックでは，このフォローアップ・セッションの終了後にも，引き続き新しい家庭の近くで，同様のサービスを母子共に受けることを強く勧めていました。しかし，先述のとおり，ラーリさんのたっての希望で，最終的には当該地域のCAMHSクリニックに彼らのことを紹介することはなく，母子でやっていくのだという彼女の方針に任せることになったのです。

しかし，この新しい母子の蜜月はそう長くは続きませんでした。

二人が養母子として暮らし始めて半年が経つか経たないかのうちに，ラーリさんは，ピーターが友人関係を築けないばかりか，学業の面でもまったく年齢相応のレベルには到達していないといったことを挙げ，自分は「SWに騙されて，とんでもない子どもを押し付けられた」と息巻き，ソーシャルサービスに苦情を申し立て始めたのです。このような状態になるまでピーターの養育を「放任」してきたソーシャルサービスは，「ネグレクト」とし

[*8] 通常の心理療法では，セッションのなかで製作したものを部屋の外に持ち出したり，持ち帰ったりすることは，原則として行わない。しかし，このときのセッションは，最終回であったことから，これまでの作品の中から一つだけ，ピーター自身が選んだものを持ち帰ることになったのである。

て訴えられるべきだと言うのです。ピーターの現在の状態は，ソーシャルサービス（と，ピーターが慕う前の里親）のネグレクトの結果である，と。そして，自分こそがこうしたピーターの状態に気づき，救済の手を差し伸べようとした最初の人物であるのだ，と。こうして，誰がピーターにとって最も良い母親であるのかといった争いが，ピーターを超えたところで行われ始めたのです。

この状況についてSWから相談を受けた私たちのクリニックでは，何とかこの養子縁組がうまく運ぶよう，ピーターは，週日は入所型治療施設でのケアを受けながら暮らし，週末にはラーリさんの元に戻るという方法を提案しました。しかし，SWが入所型治療施設というオプションには強い抵抗を示したこともあり，この件に関しては，別のCAMHSクリニックでセカンド・オピニオンを求めることになったのです。

ピーターの担当SWは，ピーターが最初に公的保護に入った当時からの担当者であり，またピーターは，このSWが初めて担当した子どもでもあったのです。このSWは，ラーリさんという養母を見つけるところまでこぎつけ，ピーターがようやく落ち着いた家庭生活を送ることができるという喜びを抱いていました。しかし，同時に，どこか無意識的には，ピーターをラーリさんにとられてしまうといった感情も抱いていたのかもしれません。

SWには，こうしたアンビバレントな感情がベースにあったものと思われますが，一方のラーリさんには，自分がピーターの母親になったというのに，自分のほうがピーターのことをよくわかっている（これは，その時点ではある意味で事実なのですが）という態度をとる（とラーリさんには感じられる）SWに対して，また実際にピーターが慕うSWに対して，許し難い嫉妬心が芽生えていたのでしょう。SWとラーリさんとの間に，どちらがピーターにとって"良い母親"であるのかという，あからさまなライバル関係が際立ってきていたのです。これはまるで，以前，私と送迎のヘルパーとの間で起こっていたことが，今度はSWとラーリさんとの間で繰り返されることになったかのようでした。

ピーターは，こうしていつも対立する大人たちの間で翻弄され，そのスケープゴートになっていた感があります。誰もピーターの本当の母親になる

ことはできません。しかし，誰もが皆，ピーターにとって最善のケアを提供できる大人でありたいと願うようになるのです。一方のピーターも，自分のなかの愛され得ない側面を，誰か（以前は私，そして現在は養母）に投げ入れ続けるのと同時に，その他の周囲の人たちには，愛されるべきか弱い子どもの側面を投げ入れるのでしょう。そして，後者の側面を投げ入れられた大人は，競ってピーターにとっての最善の母親になろうと，互いを批判し始めるといったことが繰り返されるのです。

さて，セカンド・オピニオンを待つ間，ピーターは再び，短期間という条件で，これまでとは別の里親家庭 B 家に移ることになりました。このときにはラーリさんは，もう一時もピーターと共に暮らすことには耐えられない，という状態になっていたのです。ラーリさんは，自分はピーターの抱えるさまざまな問題に気づき，指摘することのできた最初の人物ではありますが，自分がそれを引き受け，抱えていくことはできない，と言明していたのです。この時点で，「これからは，この人がずーっとママになる」と言ってくれたラーリさんと SW の言葉は，ピーターにとってまったくの「嘘」だったということになってしまいました。こうして，自分に対して嘘をつき続ける大人に囲まれたピーターは，自分だけが嘘をついてはいけないというのはおかしい，大人はみんな嘘つきであり，誰のことも信用できない，という感覚を強めていったのではなかったでしょうか……。

そのようななかで，少なくとも私と心理療法の空間だけは嘘がなく，私が約束を守り続ける，つまり，必ず決まった時間にピーターのことを待っていて，ピーターのおもちゃの箱を大切に保管する場であり，存在であったと思われます。しかし，当時の私には，それはあまりにも些少で価値のないことのように感じられていたのもまた，正直な気持ちでした。

そして，SW のたっての希望で，私も再びピーターと会うことになりました。これは，フォローアップ・セッションの最終回から，約 1 年ぶりの再会となりました。今回私がピーターと会う目的は，ピーターが入所型治療施設に入ることにならなかった場合，もう一度心理療法を再開することが望ましいかどうかを考えるために，4 回と回数を限って設定されたものでした。このことは，ピーターももちろん承知していました。

セッションでは，ピーターは「人生なんてこんなもんさ〜」と白けたムードで鼻歌を歌う一方で，悲しそうな目をして私との思い出を語っていきました。過去のセッションでは，自分がいかに私に対して暴言・暴力の限りを尽くしてきたのか，自分の箱もおもちゃもめちゃくちゃにし，後片付けなどしたこともなかった……などと振り返り，「だってまだあの頃，僕はすごく小さかったから……5歳ぐらいだったかな」と言うのでした。そして，自分は今のB家がけっこう気に入っており，自分はもうそこにずっといたいんだと話します。

一方，セカンド・オピニオンは，ピーターのこれまでの人生を考えると，ピーターはまだまだよく適応できているほうであり，情緒障害の程度もさほど重くはない，というものでした。そして，もう一度どこか里親家庭を探して，施設ではなく一般家庭での暮らしに挑戦させてみてはどうか，という意見が出されたのです。SWは何の迷いもなく，このセカンド・オピニオンに飛びつきました。もしかすると，自分がここまで思いを込めて，良い母親になろうと懸命にピーターと関わってきたのに，家庭という状況のなかでの養育は不可能であるという（現時点での）結果を突きつけられる形になる施設入所という結末は，SWにとっては耐え難いものであったのかもしれません。そして，長期の里親家庭が見つかるまでという条件で，ピーターはしばらく，このB家にとどまることになったのです。

しかし，私のなかには，ピーターにこれ以上の失敗や失望を味わわせたくないとの強い思いがあり，ピーターにとってはやはり入所型治療施設が適当なのではないかとの思いが，最後までぬぐいきれませんでした。ピーターのように，家族という文脈におけるトラウマから，情緒的・行動的問題を抱えるようになった子どもには，持続的な理解とコンテインを提供されるような治療的コミュニティ（Wilson, 2010）が必要な場合もあるのではないでしょうか[*9]。

そこで，私との心理療法を再開するか否かについても検討されました。しかし，B家がクリニックからかなり遠いところにあり，心理療法を再開した

[*9] ただし，当時の英国のSWの間には，施設というオプションは最後の最後の選択である，という強い風潮があったこともまた事実である。

場合には，ピーターは学校を丸一日休まなければなりませんでした。そして，それは望ましくないだろうとの判断から，次の長期の里親家庭に落ち着くまで，心理療法は見送られることになりました。

　こうした事柄が確認された後に迎えた最後のセッションで，ピーターは，「僕はすごく怒ってるんだ！　だって，僕は里子なんだから!!　僕の本当のママが僕のことを捨ててしまったんだから!!」と叫ぶのでした。これはまるで，自分の気持ちは私などにはわかるはずもないと言わんばかりの，ピーターの最後の叫びでした。そのときのピーターの目を，私は今でも忘れることができません。そして，そんなピーターに対して何も言えなかった自分について，私はこれ以後も情けなく寄る辺ない気持ちを抱きながら，考え続けることになりました。

2．その後のピーター（X＋4年2月〜X＋4年10月）

　こうしてピーターが当分の間とどまることになったB家は母子家庭で，そこにはピーターと同年齢の女の子が一人いました。当初よりこの女の子とピーターの間がうまくいかず，里母は常にそのことについて心を痛めていました。そして，ついに半年後には，もうピーターを里子として家庭に預かり続けることは限界であるということになりました。そこで，再び，新たな里親家庭探しが始まったのです……。

　こうした状況のなかで，私はクリニックを離れることになりました。

　私はこのピーターのことを考えるにつけ，里親制度の影の部分を思い，また，こうした傷つきの深い子どもたちと関わる際に，われわれ専門職のなかに起きてくる逆転移やその行動化の問題を，突きつけられるような思いにとらわれるのです。ここには答えなどありませんし，私たちは自らの限界のなかで，こうした問題と向き合い続けるしかないのだと思うのですが……。

3．追記

　さて，それから5年後（X＋9年），私は日本で思いもよらない人物と出会ったのです。それは当時，ピーターの担当SWと机を並べて仕事をしていたSWでした[*10]。彼にとってもピーターは，同僚の担当ケースとして忘れ

られない子どもだったようです。彼によると，ピーターはその後，かなり遠方ではありますが長期の里親宅への措置が決まり，そこでようやく落ち着いた生活を送れるようになったとのことでした。また，ピーターの将来が決まるまでは絶対に仕事を辞めないと言っていた当時の担当 SW も，今では別のオフィスに移って，SW としての仕事を続けているということでした。

　本当に多くの大人を巻き込み，その心をかき乱したピーターでしたが，私は，彼と関わった私たち一人ひとりが，これからも単にそれぞれの専門職という枠にとどまらず，この現代社会に生きる一人の大人として，これからの未来を生きる子どもたちに対する責任について，考え続けていくことができれば……という思いを新たにしています。

＊10　彼は，公的保護下にある子どものためのライフストーリー・ワークのトレーナーとして来日し，私はそのワークショップで通訳を務めていた。

● **コラム④**

英国の児童福祉制度（4）——里親制度

　ここではまず，私が実際にお目にかかってお話をうかがった，3人の里親さんの例を紹介したいと思います。

　Aさんは，ご主人を亡くされ，自分の子どもたちも独立して家を出て行ったときに，大変な孤独感に陥ったことが里親になるきっかけだったそうです。孤独だ，寂しい，と嘆いてばかりいるのではなく，こうした自分にも何かできることはないか，それなら自分と同じように寂しい思いをしているかもしれない子どもたちの支えになろう，それが里親になることを決心した最初の動機だったそうです。

　Bさんは，キリスト教の牧師の家に生まれ，困った人が家にやってきて相談をしていくという環境を自然なものとして受け止め，育ってきたという背景をお持ちです。自分も何か人の役に立つ仕事ができないかと考え，目に留まった里親募集の広告に応募したとのことでした。

　Bさんは，里親制度のなかでも，軽犯罪を犯して審判が下るのを待つ少年や，9カ月以下の懲役を受けた少年を専門的に受け入れる，里親をしています。近隣からは，迷惑がられたり，ご自身の子どもさんへの悪影響を心配してくださる方もいるそうですが，Bさんは，自分が面倒を見なければ誰がこういった子どもたちの面倒を見るんだ，今この子どもたちがここで立ち直ることができたなら，将来の犯罪者を一人でも減らすことができるのだ，と話して周囲の理解を求めているのだそうです。もちろん，そのような情熱はあっても，これまでには，預かっていた里子から金銭や家財道具のいっさいを盗まれてしまったという経験もおありだとか……。

　一方，Cさんの場合は，もともと夫婦で保育所を営んでいたのですが，知人が里親をする経験を見聞きするなかで，保育所を閉鎖して里親に専念する決心をしたとのことです。あるときCさんは，両親から性的虐待を受けた幼い姉妹を預かることになりました。この姉妹は，Cさん宅でも性的行動が頻繁に見られたということです。このときはCさん自身の娘さんのことも考えて，やはりこの姉妹を預かり続けることは不可能だとの判断に至ったということです。

　やはり，里親というものは，情熱だけでできるような生易しい仕事ではありません。皆さんそれぞれがプロ意識を持って，それなりのトレーニングやスーパーヴィジョンを受けながら，日々苦闘しておられます。

　さて，こうした里親を支えるのは基

コラム④続き

本的にはソーシャルサービスですが，同時に，里親を募集・育成する民間のボランティア団体のサポートも，非常に手厚いものがあります。たとえば，そのような団体の一つであるNCH（コラム②参照）では，24時間体制で，里親および里子からの緊急支援要請に応えるシステムを整えています。里親とは，こうした後方支援があることがわかっているからこそ，引き受けられる仕事だといえるのかもしれません。

英国には，こうした民間の里親育成・支援団体が約5ヵ所ほどあり，活動を行っています。

一方，「子どもサービス」のなかでも，精神保健領域に属するタビストック・クリニック（Tavistock Clinic）の，子ども・家族部門（Child & Family Department）にも，「養親・養子，里親・里子，近親者による養育（Adoption, Fostering & Kinship Care）」と呼ばれるチームがあり，そこでは養子になった子どもや，里親養育を受けている子ども，あるいは親類に養育されている子どもと，そういった子どもを養育する人たちの相談を専門に受け付けています。

このチームでは，里親宅で育ち，これから自立していくという段階にある18歳前後の子どもたちが，自分の里子体験や里親に望むことなどを語ったDVDを製作しています。そこでの子どもたちの主な主張は，「お金のために里親をしないで」というものです。

たしかに，里親はお金を得て"里親業"をしています。しかし，実際にはお金だけでは計れない情熱を持って，里親業をしておられる方々が大勢いると信じたいものです。実際，私がお話をうかがった里親さんたちのお宅では，今でも過去に里子だった子どもたちが時折訪れては，近況を知らせたり，悩みを打ち明けたり，ときにはお小遣いをせびったり……と，まるで普通の親子であるかのような関係を続けている例を，たくさんお聞きしました。

ここでもう少し詳しく，里親に支給される委託費について触れておきます。英国では，一人の子どもの委託費は1週間につき400ポンド[*1]，子どもを委託されていなくても里親として登録しているだけで，1週間に200ポンドが支払われます。そして，1年に2週間の有給休暇があります。

バスや電車に，「あなたも里親になりませんか」と，里親募集の広告が出ていたりもします。里親になりたいという人の家族状況や収入が厳しく問われないということもあり，シングルマザーやシングルファーザーの方も少なくありません。こういったことも，里親制度がより一般に広がりやすい一因かもしれません。

[*1] 1ポンドは約140〜150円（2012年4月現在）。

コラム④続き

　また，一般の里親制度のほかに，たとえば，先に紹介したBさんが務めておられる，集中的里親プログラム（Intensive Fostering Programme）という制度があります。こうした里親には，1週間に500ポンドの委託費が支払われます。もちろん，特別のトレーニングや継続的なサポートも受けられます。また，専門里親（Specialist Fostering）という制度もあり，これは身体障害や，知的障害がある子どもを専門に預かるものです。また，一晩，あるいは1週間のみ子どもを預かるという，一時保護専門の里親もいらっしゃいます。

　そして，5歳以上の子どもに限り，どうしても里親での養育が無理だという判断が下された場合には，コラム③でご紹介したような，情緒障害児短期治療施設などで生活することになるのです。

　さて，各地域のソーシャルサービスには，子どもを専門とするソーシャルワーカー（SW）がおり，それぞれが「虐待チーム」や「障害チーム」など，専門分野に分かれて配属されています。

　そして，里親・養親を担当するSWと，里子・養子を担当するSWもそれぞれ別々に配置されます。つまり，日本では，一人のSWが里親と里子の両方を同時に担当しますが，英国の場合はそれがそれぞれに分かれているのです。里親には里親のためだけのSWがおり，預かっている里子にはまた別のSWがいる，といった具合です。このようなシステムは，英国の里親制度の手厚い一面ではないかと思われます。

第 II 部

子どもの精神分析的心理療法の応用

この第Ⅱ部，および続く第Ⅲ部では，英国における子どもの精神分析的心理療法の応用的取り組みについて紹介していきたいと思います。

　まず，第5章では，親の精神保健上の問題に対する取り組みについて取り上げます。ここで紹介するプロジェクトは，実際に第1節のエドモンドの事例で起こったような心理療法の中断をきっかけの一つに，親に精神保健上の問題がある場合，CAMHS（Child & Adolescent Mental Health Service）クリニックとして何らかの取り組みをする必要性が感じられたことに端を発したものです。子どもに対して，明らかに目に見える虐待が行われていない場合にも，親が子どもにほどよい養育を提供できない背景には，親の精神保健上の問題が関わっている場合が少なくありません。第4章でみたピーターの場合も，そもそも彼が公的保護に入るきっかけについて思い起こしてみると，やはり両親の精神保健上の問題が背景にありました。日本においても，こうした課題にいかに取り組んでいくのかということが，今後ますます重要なテーマになってくることは間違いないと思われます。

　続く第6章では，思春期・青年期の人々が，精神保健サービスに少しでも抵抗なく関われるよう，そのきっかけになることを目的に設置されているサービスについて紹介します。ここで取り上げる事例は，筆者が勤務していた，ロンドンのCAMHSクリニックの取り組み，「若者のためのウォークイン・サービス――話をする場所（A Place To Talk: Young People's Walk-in Service）」において出会った少女たちのものです。同様の取り組みは，たとえばタビストック・クリニックの思春期・青年期部門（Adolescent Department）では，「若者のためのカウンセリングサービス（Young People's Counselling Service：YPCS）」として行われているなど，ほかのいくつかのCAMHSクリニックでも行われています。第5章後の「コラム⑤」で紹介するシュア・スタート（Sure Start）が，子どもの人生早期のリスクの回避を目指すものであるとするならば，こうした思春期・青年期の人々に対する取り組みは，この年齢以降の人々の精神保健上のリスクに対する，早期対応を目指すものであるといえるでしょう。

　さて，こうしたサービスの充実のためには，多くの他機関連携を要します。この章では，4回という非常に回数の限られた面接のなかで，何が可能

なのかということを検討するとともに，決してスムーズに運ぶとは限らない地域資源との連携の模索に，焦点を当てています。

　英国で子どもの精神分析的心理療法がこのような取り組みを行うに至るまで発展してきた背景には，第二次世界大戦後に子どもの心理療法士が，NHS（National Health Service）という英国の公的医療制度の枠組みのなかに，いち早く打って出たという歴史が挙げられるでしょう。そこで子どもの心理療法士が出会ってきた子どもたちの多くは，自閉症などの重篤な発達障害を持っていたり，公的保護の下にあったりする，いわゆるそれ以前には心理療法の対象にはなりにくいと考えられていた子どもたちだったのです。第4章の冒頭でもふれましたが，当時は，一般的に心理療法は，極端な情緒的・社会的剥奪を経験した子どもを援助することはできない，と考えられていたのです。当時までの子どもの心理療法の患者は，何よりもまずは会話や描画，きちんとした象徴的遊びを通してコミュニケーションができる子どもであったからです（Boston & Szur, 1983）。

　重篤な自閉症を持つ子どもにとっては，心理療法の大前提である対象への気づきを促すということが，心理療法がまず最初に目指すところとなります。また，被虐待児の多くは面接室に入ることすら困難であり，こういった子どもとの心理療法では，かなりの期間，面接室の中と外の両方において子どもが見せる混沌とした行為を通じ，子どもが伝えようとしていることに焦点を当て続けなければなりません（Boston et al., 2009）。今日のポストクライン派と呼ばれる子どもの心理療法士らは，そうした子どもたちとの心理療法の経験から，現在に至る子どもの精神分析的心理療法の理論と技法を発展させてきたといえるのです。

　そして最近では，こうして培われてきた知見に基礎を置きながら，さまざまな応用的取り組みが行われるようになってきているのです。そのなかには，ここでご紹介するようなプロジェクトのほかにも，学校や地域に密着したコミュニティー・センターなどに出向いて，相談活動や心理療法の実践を行うといった，いわゆるアウトリーチ・プログラムも含まれています。子どもの心理療法における黎明期の，ひっそりとしたプライベート・プラクティスでの実践から，やがてはCAMHSクリニックという公的機関の多職種協

働チームの一員として,そして現在ではその CAMHS クリニックの扉を出て,また狭義の子どもの精神分析的心理療法の枠を出て,子どもの心理療法士の活躍の場は広がっていっているのです。

　ただし,ここで忘れてはならないのは,彼らが子どもの精神分析的心理療法の基本を,決してないがしろにはしていないということです。6～8年かかる訓練課程を経た自らの実践の核は,あくまでも子どもと一対一で向き合う精神分析的心理療法である,ということを忘れている人は,誰一人としていないといっても過言ではないでしょう。

第5章 親の精神保健上の問題に対する取り組み
——Parental Mental Health Project

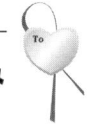

「英国では，17万5千人の子どもが，精神保健上の問題を抱える大人のケアに関わっているといわれています。こうした子どもたちは，いつも親のことを心配しています。そして，親の心の病気が自分たちの責任なのではないかと自らを責めていたり，時には自分も親と同じ病気にかかってしまうのではないかと恐れていたりするのです。また，自分たちには何の支えもないとすら感じていることもあるのです。彼らはまた，身体的あるいは情緒的虐待の被害者である場合もあるのですが，彼らがそのことを自ら明かすことはほとんどありません。親が精神保健上の問題を持つ子どもたちは，専門機関の援助の"ネット"からこぼれ落ちてしまうことが多く，彼らは誰にとっても責任のない存在だと見なされてしまいがちであることも，また現実です。彼らには親の病気については何も説明されませんし，親の病気が幼い彼らの生活に及ぼす影響に対処していくために，ほとんど何の援助も受けられないでいるのです。彼らは時に，『親の狂気の世界につきあう（go along with their parents' mad world）』こともあるのです」[1]。私たちは，こうした子どもたちと出会い，その子どもたちの声を聞いていくことが必要なのです」[2]。

私は，信頼でき，揺るぎない大人との関係を築いていくという体験もまた，こうした子どもたちにとっては大切なことではないかと考えています。

---

[1] 私は，本章で紹介するエドモンドも，この典型ではなかったかと思っている。
[2] Cooklin, A. による講義レジュメ（2004，未公刊）より引用（著者による翻訳）。

これは，私が 2000〜2004 年まで勤務した，ロンドンの，ある公的精神保健クリニックの CAMHS（子ども・思春期精神保健サービス）チームにおける実践のなかで提唱されていたことでもあります。しかし同時に，私たちは，限界のあるなかで仕事をしていかなければならないのもまた事実です。子どもたちにとっては，親のいる家こそが自分の家なのであり，そこが唯一の帰る場所であり，居場所でもあるからです。

第1節　ロンドンのある公的精神保健クリニックにおけるプロジェクト——エドモンドの事例をめぐって

さて，これまでもくり返し述べてきましたように，英国の医療システムのなかで，CAMHS は，多職種協働チームとして展開されています。このサービスは行政区ごとに配備されていますが，多職種協働チームを構成するメンバーや職種は，それぞれのチームによりさまざまです。また，ここで紹介する事例のように，CAMHS クリニックが，成人のための精神保健サービスのクリニックと同じ建物の中にある場合もあれば，まったく異なる場所にある場合もあります。

ここで紹介する CAMHS クリニックのプロジェクトは，ロンドンの西部に位置するある行政区（2004 年現在，人口は 10 万人程度）での試みです。これは，当時のロンドンのほかの地域にはなかった特有のサービスで，同様のサービスは英国全土でも 5, 6 カ所の CAMHS にしか存在していませんでした。

さて，この CAMHS チームの構成メンバーは，児童精神科医と薬物濫用専門看護師がそれぞれ 1 名ずつ，複数の子ども・青年心理療法士と臨床心理士，そして 1 名のアートセラピストからなっていました。この CAMHS クリニックは，同じ建物の中に成人のための精神保健サービスのクリニックが併設されていたことから，こうした協働プロジェクトの早期実現が可能になったともいえます。この成人のための精神保健サービスも，やはり多職種協働チームで，成人心理療法士や精神分析家の資格を持つ精神科医が複数名のほか，さらに複数名の成人心理療法士，精神分析家，そしてグループ・ア

ナリストが，チームのメンバーとして仕事をしていました。

　CAMHS クリニックと成人のための精神保健サービスのクリニックは，このプロジェクトが始動する以前には，たとえ同じ建物の中で仕事をしていてもそれぞれが独自に機能しており，事例を共有するということはありませんでした。しかし，成人チームの事例のなかに子どもを持った人がおり，その子どものことが心配されたり，逆に CAMHS チームの事例のなかで，親の精神保健上の問題が気にかかったりするといった事例が続いたことから，双方の責任者が話し合いを持つことになりました。そこで，こうした子どもと家族に対して，何かこの二つのチームが協働して提供できるサービスがあるのではないかと，「親の精神保健プロジェクト（Parental Mental Health Project)」が立ち上げられたのです。

　さて，このプロジェクトには，具体的には，各チームから数名ずつの多職種専門家がメンバーとして参加します。そして，各チームで週に 1 回行われるインテーク会議のなかから，精神保健上の問題を抱える親の事例を抽出し，やはり週に 1 回行われるプロジェクトのミーティングで話し合いを持ちます。その後，どのチームのどのメンバーが，具体的にどのように事例にあたっていくのかを決定する，という運びです。また，地域の地域精神保健チーム（Community Mental Health Team：以下 CMHT）[*3] やソーシャルサービスにも働きかけて，このプロジェクトについて周知することで，それぞれのサービス利用者に子どもがいるかどうかの確認をし，もし養育上何らかの問題や困難を抱えているような場合には，クリニックを紹介してもらえるよう働きかけを行います。

　また，このクリニックには，NSPCC（第 2 章後の「コラム②」参照）のオフィスも併設されていました。この NSPCC のソーシャルワーカー（以下 SW）も CMHT 等のミーティングに参加し，そこで話し合われる事例につい

[*3] GP（一般診療医）の判断により，専門的な精神科診断や治療の必要性があると認められた，成人患者が紹介される公的機関。精神科医による診断および投薬治療のほか，成人を専門とする臨床心理士が，主に認知行動療法を行う。しかし，患者のケアの中心となるのは，地域精神科看護師（Community Psychiatric Nurse：CPN）が行う，家庭訪問による面接・援助である。そして，ここでのケアのなかから，より専門的な心理療法が適していると考えられた患者は，ここで紹介しているような成人のための精神保健サービスのクリニックでの心理療法を，並行して受けることになる。

て，子どもの安全やウェルビーイングといった視点から問いを投げかけることが常でした。そうしたなかで，CMHT のメンバーの意識が，それまで以上に子どもの存在に向きやすくなったといった利点もあったと思われます。

他機関連携と一言でいうのはたやすいことですが，やはりこうした地道な連携の積み重ねからしか，連携という言葉が本来意味するところは動いていかないものなのかもしれません。

さて，それでは以下に，こうした文脈のなかで私が行った仕事を，二つの事例を通して取り上げます。そして，親に精神保健上の問題があるとき，私たち子どもの心理療法士が自らの専門性の枠組みのなかでできることは何なのか，考えてみたいと思います。

一つ目の事例は，エドモンドという 8 歳の男の子です。彼の母親は躁うつ病でした。私は，週に 1 回の心理療法というセッティングのなかで彼と会っていたのですが，5 カ月後にその心理療法が突然中断されてしまった事例です。このエドモンドとのセッションの経緯は，こうした協働プロジェクトの必要性を，それぞれのチームに強く感じさせるきっかけの一つとなりました。

二つ目の事例は，第 3 節で紹介するジルさんという統合失調症を持つ母親です。彼女には二人の子どもがいましたが，姉のほうが週に 1 回の心理療法を受けており，ジルさんは私と週に 1 回の親面接に来られていました。こちらの事例は，プロジェクトが立ち上がり，そのサポートを受けながら実践されたものであり，むしろエドモンドとは対照的な経過をたどることになりました。

1．心理療法が始まるまでの経過

私が心理療法士としてエドモンドを担当することになったのは，このプロジェクトがまだ始動していなかった頃のことでした。また，この事例は，プロジェクトの始動いかんにかかわらず，エドモンドの母親面接がまったく機能していなかったという，典型的な他職種との「協働の失敗」の例でもあります。この事例からは，いかに母親面接が機能することが，子どもの心理療法を支えるうえでの重要なキーとなるのかを，あらためて考えさせられるも

のであったと思います。

　エドモンドの心理療法への紹介に先立ち，すでに家族は CAMHS の家族療法チームにより，定期的な家族療法のセッションを受けていました。同時にエドモンドは，週に1回，子どものためのアセスメント・グループに数カ月間通っていました。

　彼には姉と兄，そして妹がおり，彼らは全員，母親である白人のイギリス人，エルギンさんと暮らしていました。彼女は躁うつ病のため，もう長い間，CMHT との関わりがありました。北アフリカ地域出身の子どもたちの父親である夫とは，すでに数年間の別居状態にありました。しかし，この父親は，別居後も子どもたちの養育には積極的に関わっており，家族療法のセッションにも何度か顔を出したことがありました。とはいえ，彼は，エドモンドをはじめ子どもたちの情緒的なニーズといったものについては，あまりよく理解していないようでした。ですから，よほど強く勧められないかぎりは，クリニックにも顔は出さないといった状況でした。

　エドモンドが6カ月間のアセスメント・グループに参加した後，そのグループを担当していたアートセラピストは，エドモンドがとても孤独で，他者との心の接触を強く求めている子どもであるとの理解から，彼が個人心理療法を受けることを勧めたのです。エドモンドは実際，家庭では頻繁に夜尿があり，学校ではよく泣いてあまり楽しそうにはしておらず，友達もほとんどいないといった困難を抱えていました。

　また彼は，母親のエルギンさんにとって，きょうだいのなかで最も気がかりな子どもでもありました。というのも，どういうわけかエルギンさんは，エドモンドは子どもたちの誰よりも自分に近い存在であると感じていましたし，彼は自分と"似ている"とすら考えていたからです。そのため彼女は，エドモンドが将来，自分と同じような精神的な病を持つことになるのではないか，といった不安も抱いていたのです。私は，残念ながら，当時も今も，なぜこの母親が，4人の子どものなかでも特にエドモンドに対してこうした投影をするようになったのかについて検討するだけの十分な情報は持ち合わせていませんし，エルギンさん自身の子ども時代についても，まったく情報を持ち合わせていないのです[*4]。

ともかく、エルギンさんはこうした自分自身の思いから、エドモンドが心理療法を受けることには非常に積極的で、エドモンドを定期的にクリニックに連れてくるということにも同意したのです。そして彼女は、そのとおり、最初のおよそ3カ月間はきっちりとエドモンドをセッションに連れて来たのです。また、エルギンさん自身も家族療法チームのメンバーである臨床心理士と、少なくとも月に1回は母親面接を受けることになっていました。しかし、大変残念なことに、これはうまくいかなかったのです。エルギンさんは、エドモンドを心理療法に連れてくるということを1週間の日課のなかに組み入れ、それを心にとどめておくことには、当初、問題がなかったようなのですが、自分自身の面接については、決められた日時にクリニックにやってくるということがなかなか定着しなかったのです。エルギンさんにとって、この月に1回程度という面接の頻度を心にとどめ、それを守っていくということはかなり困難なことであったように思われます。そして、エドモンドの心理療法が突然中断されてしまったことの原因の一つは、ここにもあったと考えられます。

2. 心理療法

さて、エドモンドは人なつっこい男の子で、アセスメント・グループを経験した後に、次は個人で心理療法を受けることになるのだということを、とても楽しみにしていたようです。私との最初のセッションと、その後の数セッションでは、グループに参加していたほかの子どもたちはグループ終了

---

*4　この点に、母親面接者との協働がうまくいっていなかったことが、典型的に表れていると思われる。当時のエルギンさんの担当者は、家族療法チームに属する臨床心理士であった。認知行動療法を専門とする臨床心理士にとっては、ここで子どもの心理療法士が必要であると感じる情報は、特に大切なものとしては理解されていなかった。むろん、子どもの心理療法を円滑に進めるための、母親面接の重要性を理解されていなかった、ということも前提としてはあるのだが……。この点が、多職種協働チームで他職種専門家と協働することの難しさの一つであるといえよう。

　この事例での母親担当者との協働のかみ合わなさからは、子どもの心理療法を行ううえでの母子並行面接は、心理療法の目指すところやそのあり方について、同様の考えを共有できる同職種の心理療法士が、母親の面接も担当することが望ましいということがあらためて強調されるであろう。たとえば、前著で紹介したダリアの事例では、ここでの反省も踏まえながら、ダリアの集中的心理療法の開始後に、母親面接者を家族療法士から子どもの心理療法士に変更している（鵜飼，2010d）。

後の現在，それぞれどうしているのだろうと大変気にかけていました。彼は，セッションにやってくるのをいつも楽しみにしており，終了時には退室したがらないこともしばしばでした。

　心理療法開始当初のエドモンドは，流し台で，絵の具を使って「色つきの水」を作るという遊びに夢中でした。かなりの量の紙と絵の具を使いはするのですが，彼がいわゆる「作品」といったものを完成させることはほとんどありませんでした。ここで彼が表現していたことは，いかに多くのエネルギーとリソースを使おうとも，結局自分は何も生み出すことはできず，ただ散らかって部屋を汚してしまうだけだ，ということだったのではないかと思われます。彼のなかの創造的な側面は影を潜め，すべてのリソースはゴミと化すか，水になって流れ去ってしまうのでした。

　以下は，心理療法が始まった初期の頃に起こった出来事の一端です。

　　　セッションを終えて待合室に戻ると，エルギンさんの姿がありませんでした。エドモンドは一瞬，動揺した表情を見せたのですが，すぐに満面の笑みをたたえて「じゃあ，ここに一晩泊まろう！」と言うのです。そして，待合室に設置されているミニテントの中に入っていきました。彼は，かなり興奮気味で，それはまるで楽しいキャンプにでもやってきたかのようでした。

彼のこの姿を見た私は，彼が家庭でどのような生活を送っているのかを，深刻に受け止めさせられた思いがしました。母親がこのように突然消えていなくなってしまうという事態は，彼にとっては現実にも起こりうることなのでした。実際，エルギンさんは，病院に任意入院となることがしばしばあったのです。そのようなとき子どもたちは，それがまるで"日常生活"の一端であるかのように対処していかなければならなかったのでしょう。今回も，もしまたそうなのだとしたら，エドモンドは，むしろクリニックでキャンプをすることを「楽しまなくっちゃ」ということだったのでしょう。もちろん，また母親が自分の元からいなくなってしまったのではないかという不安から目をそむけるためにも，彼はむしろこのようにマニック（操的）にふる

まう必要があったのではないでしょうか。彼にとって母親は，明らかに，信頼をしても裏切られる心配のない，安心できる人物ではありませんでしたし，その母親の気分にしたがって，自らの気分のスイッチもオン／オフと切り替えていく必要があったのだと思われます。

　しばらくして，母親が遅れたことを詫びながら待合室に入ってくると，エドモンドは「今晩はここに泊まろうと思ってたのに！」と言います。すると彼女は，冗談めかしにニヤニヤと笑いを浮かべながら，「それならそれでいいよ。じゃ，私は帰るね！」と応じるのです。するとエドモンドは，すぐさま母親に飛びつくようにテントの中から飛び出してきます。このときのエドモンドの表情は，まさに真剣そのものであり，まるでこうして捕まえておかなければ，母親を永久に失ってしまうのではないか……とでもいうような，絶望と必死さの入り混じったものでした。母親のこうしたからかいの言葉を，とても冗談としては受け止められないようなのでした。しかし，当のエルギンさんは，そうしたエドモンドの表情にも行動にもまったく無頓着な様子で，むしろサディスティックともいえる笑みをたたえながら，不安げに身体にまとわりつくエドモンドをよそに，大笑いしながらクリニックの扉を出て行ったのでした。

　また別の日，エドモンドとエルギンさんは，二人ともかなり躁的な状態でクリニックにやってきました。

　エルギンさんは私に向かって，「こんにちは。今日は気をつけないといけないわよぉ。エドモンドはかなりマニックだからね！　セッションが終わる頃には，あなた，くたびれ果てていると思うわよ！」と言います。その間もエドモンドは，彼女の横で笑っています。彼は彼で，母親に向かって，「違うよ。マニックなのはママでしょ。僕は違うよ！」と言い，互いにおどけあっているのです。二人とも，完全に度を超えていました。互いにどちらのほうがよりマニックかと，言い合っているので

す。エルギンさんはさらに,エドモンドは自分と同じ程度にどんどんマニックになっていくのだということ,そして彼らは二人一緒に気分の揺れを体験するのだと話します。

　私は,二人の様子を見ているだけで,呆然としてしまう感覚に襲われていたのですが,このとき彼女が口にしたこの言葉で,その感覚は頂点に達しました。私はそれまで,エドモンドのこのような様子は見たことがありませんでした。普段の彼は,むしろ遠慮がちに後ろに控えているような子どもだったのです。この日,一緒にクリニックに来ていた彼の姉は,とても恥ずかしそうに二人からは少し離れた場所に立っていました。そして,まるで私がこの状況にどう反応するのかを見極めようとでもするかのように,こちらを見つめているのでした。そして,私に向かって小声で,「二人とも今日はちょっとおかしいの」と,まるで彼女が事の次第を説明する役割を負っているのだとでもいう趣で,告げるのでした。

　とりあえず,私はエドモンドと共に部屋に行き,彼の気分について話そうと試みました。彼の様子が今日はいつもとずいぶん違うこと,彼の気分は母親のそれによってどうにでも変化し,また揺れ動くようだということ……。すると彼は,「そうだよ！　だって僕はママと同じなんだもん！」と言います。私は,母親が先ほど述べていたのと同じ表現をしたエドモンドにかなりの動揺を覚えました。しかし,このことについて考えようと,「いつもいつもママと同じように感じるってことはないんじゃないかと思うけれど……。いくらママがとってもハッピーだからって,エドモンドは寂しかったり腹が立ったりとか,そういうこともあるんじゃない？」と話し始めました。

　ところが彼は,自分たちは同じ気持ちを感じることができるのだし,事実,自分たちは同じなんだ！　とよりいっそう強く主張します。そこで私は,いかに彼が母親と同じでなければならないと感じているのか,そして,母親と違った気分でいることは,もしかすると彼にとってはあまり安全だとは感じられないのかもしれない……と,話し続けました。セッションの終わりの時間が近づくにつれ,彼は少し落ち着きを取り戻

してはいきましたが, 自身の気分の変化については, まったく考えることはできないままでした。

私はこの出来事の後で, エドモンドと母親の状態がかなり心配になっていました。そして, その次の週には, エルギンさんはさらに躁的な状態でクリニックに現れ, 一気にまくし立てたのです。

「もうこれ以上, 家にいるのは無理！ もうどこかに行ってしまわなきゃね……。だから, 来週は私の友達がこの子を連れてくるからね, わかった？」このときエドモンドは, 前回とは違って, かなり不安げな様子を見せていました。彼女はさらに, 子どもたちを家に残して, 自分は時速 140 マイルのスピードで国中をドライブして回るのだと, 週末の計画について話し続けます。そのため, 週末は夫が家に来て子どもたちの面倒をみるのだ, と。このように母親が話している間, エドモンドは, まるで母親が話していることを聞きたくないとでもいった様子で, 待合室の奥のほうに縮こまるようにして座っていました。彼女は, 「まあこの調子だと, 結局はまた病院行きになると思うわ」と言って笑っています。私はとりあえず, 週末のドライブ旅行の前に, 彼女の主治医と子どもたちの SW に会いに行くようにと伝えました。そして, エドモンドを呼んでセッションに向かったのです。

このとき, 私は, 自分が非常に複雑な状況に置かれていると感じていました。私はエドモンドの心理療法士ではありますが, エルギンさんはこうして頻繁に, エドモンドのための時間の中に入ってくるのです。私は, エルギンさんがエドモンドのセッションの時間という境界を破るのを, 止めることができないでいたのです。

エルギンさんはこの日, エドモンドのセッションの終了後の帰路, 自ら CMHT を受診し, そのまま任意入院となったのでした。そのため, 週末のドライブ旅行はなくなりました。そして, 彼女の入院中は父親が家に戻ってきて, 子どもたちと暮らし始めたのです。この間エドモンドは, 担当の SW

に連れられてセッションに通うことになりましたが，彼はセッションでは母親について，いっさい口にすることはありませんでした。

　数週間後，エルギンさんは一週間に数時間，病院から外出することが認められるようになりました。そこで彼女は，エドモンドのセッションがある日には，彼を学校に迎えに行ってクリニックに連れて来るようになりました。そして，セッションが終わった後，エドモンドを家まで送り届け，父親が仕事を終えて学童保育などにいるほかの子どもたちを連れて戻ってくるまでは，エドモンドと二人きりで自宅で過ごすことになったのです。エドモンドは，母親と再会できたこと，そしてたとえ週に数時間とはいえ，母親と共に過ごせるようになったことを喜んでいました。しかし，「セッションが終わってから一緒に家で過ごすのはやめようかなぁ」などとエドモンドをからかうエルギンさんと，必死で自分と一緒にいてくれるように懇願するエドモンドの姿を見ると，私は何ともいえない悲しみを覚えていました。

　　エドモンドが，「どうしてママ？　何か問題があるの？!」と真剣な顔をして尋ねると，エルギンさんは笑って，「もちろん何もないわよ！冗談言ってるだけよ！」と答えるのです。しかし，こうしたエルギンさんの応答は，エドモンドの悲しみや不安には何の助けにもならないのです。私はここに，エルギンさんの，エドモンドが心理療法から得ているものに対する，無意識の苛立ちや羨望のような感情があるのではないかと感じ始めていました。エドモンドをセッションに連れてくるということ自体が，彼女が求めているけれども得られない，彼女のなかの欲求不満気味の赤ん坊の部分を刺激し，こうしたサディスティックな形をとって，エドモンドに対する一見するとふざけた調子のからかい，という攻撃として表出されているのではないのか……と。

　その後しばらくして，エルギンさんは安定した状態で退院してきました。そして，父親も含めた家族が全員揃って，良いクリスマス休暇を過ごすこともできました。私も，これでまた，落ち着いた母親のもとで，エドモンドとの心理療法を続けることができると安心していました。しかし，実際にはそ

うはいかなかったのです。

　ある日，セッションにやってきたエドモンドは，この日，セッションが終わった後で新しい学校の面接に行くことになっているため，今日は少しだけおしゃれをしているのだと言います。母親が横から，エドモンドのために素晴らしい学校を見つけたので，すでに現在エドモンドが通っている学校にも，転校することになると話してあるのだと付け加えます。

　そして驚くべきことに，その翌週二人がやって来たときには，もうその次の週には新しい学校に転校する予定になっているのだと言います。エルギンさんは，今日がエドモンドの現在の学校に通う最後の日だったと言います。そして，新しい学校では，エドモンドの好きなダンスや歌や演劇の授業を受けることができるので，学校を変わればエドモンドにとってすべてが良い方向にむかうに違いないと話します。このことについて話し合う余地は，どこにもないようでした。すでに決まってしまっていることです。以下は，その日のセッションからの抜粋です。

　　私は，たった今お別れを言ってきたばかりの現在の学校について，話そうとしました。エドモンドはこのことをいったいどのように感じているのでしょうか。悲しい？　友達や先生と会えなくなることが寂しい？　けれどもエドモンドは，まったくそうした感情には触れようとしません。ともかく，この学校のことは嫌いだったのだし，来週からはすべてが良くなるのだと言います。

　　また，新しい学校に行くということについての不安，たとえば，新しい友達や先生たちのこと，これまでの徒歩通学とは異なり，自分一人でバスに乗って通学しなければならないということ，新しい授業や習慣などへの不安……それらはまったくない，といった様子です。そこにはいっさいの心配はなく，考えられる気がかりはすべて，「きっと素晴らしいよ！　もう待てないよ！」という言葉で一笑に付されてしまうのでした。

　私は，エドモンドの担当SWに連絡を取り，彼がこのことについて何か

知っているのか，また彼はこのことについてどう考えているのかを聞こうとしました。私はこの事実を，とても自分一人では受け止めきれず，誰かと共有したいという焦燥感のようなものに襲われていたのです。このときばかりは，本来ならばこうした状況について共有し，共に考えられる母親面接者の必要性を痛感し，無力感でいっぱいでした[*5]。SW は，ことの次第はすべて承知しているが，自分にはどうすることもできないと感じているのだということでした。SW もやはり，私と同様に，エルギンさんの現在のエネルギーの前では，自分には何もできないといった無力感を抱いていたようでした。

その翌週のセッションでのことです。

　　エドモンドはやや躁的な調子で，新しい学校について話します。そして，「もうここに来る必要もなくなったよ。だって僕は，今はもうとってもハッピーだからね！」と言うのです。彼は，このことに大いに納得している様子でした。つい先日までとてもハッピーだとはいえない状態であった自分が，ある日突然，何の援助も必要としないハッピーな男の子に変身してしまうなどということが果たして可能なのかどうか，考えてみる余地はまったくないようでした。彼は歌い，踊り，飛び跳ねながら，「これが新しい学校で習っていることなんだ，この学校の人たちは，皆，愉快で楽しいよ！」と言うのでした。

結局，これがエルギンさんがエドモンドを心理療法に連れてくる，最後のセッションとなったのです。クリニックを去るときエルギンさんは，「エドモンドにとって何もかもが良い方向に向かっており，今やエドモンドはこんなにもハッピーになったのだから，もうここに戻ってくる必要はないと思う」と，これまでの心理療法についてお礼を述べました。私は，エドモンドの心理療法をこのような形で終わりにすることはできないこと，そして，家族療法チームの担当者に会って，この件について話し合ってほしいということを伝えたのですが，エルギンさんは満面の笑みを浮かべながら，これには

[*5] エドモンドのセッションが行われる日が，母親面接者の勤務日ではなかったという現実的な側面での困難もあった。

まったく耳を貸さないといったありさまでした。翌週以降，彼女は本当にエドモンドをセッションに連れてこなくなったのです。こうして心理療法は，新しい学校に取って代わられたのでした。

このエルギンさんの気まぐれな行動は，何も今回に限ったことではありませんでした。彼女は，躁状態にあるときには，あらゆる計画を立て，子どもたちにたくさんの約束事をしたりするのです。そして，抑うつ状態に陥ったときに，その計画や約束を実行できなくなってしまうのです。今回のエドモンドの転校に関しても，こうした彼女の常軌を逸した気まぐれが，やや極端な形で行動に移されたものではなかったのかと思われました。

その後，CAMHSクリニックでは，せめてあと1セッションでも，エドモンドが心理療法に戻ってきて，これが最後のセッションになるとエドモンドと私の双方が了解したうえで，きっちりとした「さようなら」をするためのセッションを持てるようにと，あらゆる努力が払われました。この点に関しては，エルギンさんの母親面接の担当者であった家族療法チームの臨床心理士もさすがに心を痛め，尽力してくれることになったのです。

CAMHSチームでは，成人チームとの合同検討会でもこの件に関するディスカッションを行ったほか，ソーシャルサービスとも連絡を取り合って，エルギンさんの精神状態についての確認を行ったりしました。

そして，数週間後，家族全員が家族療法チームとのセッションを持つことになりました。そこでは，エドモンドの父親が，私との最後のセッションのためにエドモンドをクリニックに連れてくることが了解されました。その頃にはエルギンさんは再び入院しており，子どもたちは，今回は父親の家で生活していたのです。

こうして，ようやく設定された私たちの最後のセッションでは，エドモンドは学校には楽しく通っているけれど，母親が再び入院してしまったことに心を痛め，そのことに対する悲しみを，多少なりとも言葉で伝えることができました。そして，心理療法が今日で最後になるということについては，「仕方がないよ……。ママが決めたことだから誰も変えられない」と，自分の思いと母親の思いが異なる場合もあるのだということを，事実として受け止めつつあるような，絶望感を伴った言葉が語られました。

このセッションを終えて私たちが待合室に戻ると、すでに暗くなって電気もついていない部屋で、父親は眠り込んでいました。彼は疲れ果てているように見えました。そして、これが、私がエドモンドと彼の家族に出会った最後となりました。

エドモンドの心理療法が終結となった後も、CAMHS チームと成人チームとの間でディスカッションが続けられ、今後は、こうしたエドモンドのような子どもが、受けるべきサービスのネットからこぼれ落ちていくことのないようにとの思いから、「親の精神保健プロジェクト」のアイディアが、一歩前進することになったのです。

第2節　母子並行面接を進めていくことの困難さをめぐって*6

エドモンドの事例では、多職種協働チームにおいて、子どもの心理療法のプロセスについて他職種の同僚に理解を得ることの困難さが、あらためて浮き彫りになったといえるでしょう。日本においても、同職種であるはずの「臨床心理士」の間で、母子並行面接についての考え方に違いがあり、共通理解を持ってこれを進めることが困難な事例を体験することは稀ではないのではないでしょうか。

そこでこの第2節では、「親の精神保健上の問題」という本章の大きなテーマからは離れますが、母子並行面接における母親面接のあり方について、あらためて整理しておきたいと思います。なぜなら、こうした基本的な考え方が心理療法士のなかにあってこそ、母子並行面接がスムーズに進まない事態に陥ったとき、その状況についての振り返りや考察がより有益なものになると考えるからです。

1. 子どもの精神分析的心理療法における親面接の意義

子どもの心理療法を行う際に、並行して親面接が行われるということは、一般に了解されているでしょう。しかし、親面接の目的は何かということに

＊6　本稿は、「面接中の諸問題とその対応」(『臨床心理学』11巻6号、金剛出版、2011年 pp.814-818.) に一部加筆・修正を加えたものである。

なると，それぞれの臨床心理士の間で意見が分かれるように思われます。

たとえば，母子並行面接における親面接といえども，これは親個人に対する治療であるとする立場があります。つまり，これは親個人に対する心理療法であるのだから，親面接のなかで語られた事柄は，たとえ子どもの担当者に対してであろうとも「守秘義務」が発生します。そのため，ここでは親の担当者が行う親面接の流れと，子どもの担当者が行う子どもの心理療法の流れとは，決して交わることのない二筋の川のように，まさに"平行"して流れ続けることになるのです。

一方，母子並行面接における親面接は，子どもの心理療法を心理療法士と共に支える，いわば車の両輪の片方のようなものであり，親が子ども担当の心理療法士と協働して子どもについて考えることができるようになること，より具体的には，親が子どもを心理療法に連れてくるのを支えることを目的とする，という立場があります。

精神分析的心理療法がとる立場は，この後者のほうです。そして，子どもの心理療法は，こうした外側の支え（親のみならず学校等の関係諸機関も含む）があってはじめて，「子ども-心理療法士」にとっての治療空間が守られ，そこでの豊かな治療関係の展開が期待できると考えるのです。このような文脈を支えるのは，子どもの担当者と親の担当者との協働であることは言うまでもありません。

前者の立場では，「子どもの担当者は親には会わない，あるいは会うべきではない。なぜなら相互に守秘義務の発生する個人心理療法を行っているのであるから」と考えるのが主流のようです。親・子それぞれの心理療法の"平行"した流れが交わることは，何としてでも阻止しなければならないというわけです。そして，ここに問題の発生が見られるのです。

たとえば，親が自身の面接で苦境に陥った場合，親の気持ち次第で，子どもの予約もろともセッションをキャンセルするといったことが起こり得ます。時にはここに，「子どもが行きたがらない」という理由がつけられることもあるでしょう。もし，親の担当者がこうした親の言葉の意味について考えることができ，親が自身の面接に再び戻ってくることができたとしても，その間の子どもの心理療法の流れは，（子どもが自力で通ってこられるほどの

年齢に達しているか，それだけの現実的な力を備えていない限り）滞ってしまうことになります。しかし，多くの場合，そのことについて考えられることはないように思われます。

　また，ここで事態をよりいっそう複雑にするのは，親が「子どもが行きたがらない」という理由を前面に出したときに，親の担当者もそれを文字どおりに受け取ってしまい，まるで子どもの担当者の責任で，子どもの心理療法の流れとともに，親の心理療法の流れまでが滞ってしまったかのような"理解"に陥ってしまう場合です。これでは，「親・親の担当者・子ども」vs.「子どもの担当者」という構図が出来上がってしまい，子どもの担当者は非常な孤立感や疎外感，あるいは無力感や無能力感に襲われてしまうことになるのです。ここには，子どもの担当者と共に協働してくれる親の担当者の姿は見られません。

2．振り返り面接

　こうした状況を打開するために，子どもの担当者は，たとえば「振り返り面接」を提案するという方法があるかもしれません。

　振り返り面接というのは，子どもの精神分析的心理療法において，おおむね学校の1学期単位を目安に，親・親の担当者・子どもの担当者，そして子どもの発達や意向によっては子ども本人も含めて，共にその数ヵ月間の経過を振り返る面接のことです。ここでは，親は，家庭や学校での最近の子どもの様子を話すかもしれません。それを聞きながら子どもの担当者は，心理療法の場面で観察され，考えられた事柄とのつながりを見いだし，そうした理解を親に伝えるといったこともあるでしょう。このような面接を定期的に持つことで，親（と子ども本人）は，子どもが心理療法に通う意味について再確認することができますし，将来の終結も含めた今後の方向性について，共に考える機会ともなるのです。

　また，子どもと子どもの担当者との関係が親密になっていくことに対して，問題を抱えやすい傾向にある親にとっても，自らが子どもの担当者と直接対面して話をする機会を持つことで，子どもの担当者に対する不要な敵意やその関係性に対する嫉妬から解放されやすくなる，といった利点もあるで

しょう。

　話を先の例に戻すと，「子どもが心理療法に行きたがらない」という訴えがあるときにこそ，こうした振り返り面接がよりいっそう必要とされるタイミングである，といえます。もっとも，親面接は親個人の治療ではなく子どもの心理療法を支えるためのものである，という立場を明確にとっている場合や，振り返り面接を治療構造全体の一部として位置づけて定期的に行っている場合には，そもそもこうした問題自体が起こる可能性はかなり低くなると思われるのですが……。

　ところが，親面接は親個人の治療であるという立場をとる担当者にとって，このような振り返り面接は，まさに親の心理療法にとっても，子どもの心理療法にとっても，その流れに対する甚大な障壁になるという理由から，これは応じることのできない発想だとされる場合が多いように思われます。つまり，こうした問題が起こっているのだから，親の担当者と子どもの担当者が協働してその状況について考え，道を開いていこうというのではなく，「親担当者は親担当者で，親面接の展開について考えますので，子どもの担当者は子どもが心理療法に来たがらないということについて，一人で考えてください」ということになり，まさにここでも，二つの面接過程は平行線をたどるままです。

　そして，いつしか親は子どもの心理療法を「放棄」して，自分の面接にのみやってくるような事態に陥ることも起こるかもしれません。すると，親の面接のみが再開し，子どもの心理療法は子どもの担当心理療法士の「失敗」のために「中断」してしまった，というシナリオが出来上がっていくなかで，当の子どもも子どもの心理療法も，見捨てられていくことになるのです。子どもの気持ちは行き場をなくしたまま宙に浮き，子どもの担当者も，子どもの気持ちを直接子どもから聞く機会すら得られないままです。

　ときには，ある程度の月日を経た後に，子どもが再び新たな「問題」を呈して心理療法に戻ってきたり，あるいはその際に，親が「前の担当者では不足である」と訴えて，別の心理療法士を希望するということもあるかもしれません（これは明らかに，子どもと子どもの心理療法を使った親の行動化なのですが……）。こうして，この状況でいったい何が起こっていたのかというこ

とについてはほとんど考えられないままに，この親子は"理想の"子ども担当の心理療法士，あるいは相談機関を求めて，さまよい続けることになるのです。

ほかにも，親面接が子どもの心理療法を支えるものとして機能していない場合には，子どもの心理療法のための曜日や時間がきっちりと守られないという問題が発生することもあるでしょう。この点に関しても，親の担当者がそれを問題として取り上げ，親と話し合うということが肝要です。それと同時に，振り返り面接の機会も有効に活用しながら，一定の頻度で心理療法が行われることの大切さについて，確認するような作業が大切であるといえるでしょう。

以上のように，成人の心理療法では，クライエント本人と心理療法士が直接話し合えるような事柄であっても，子どもの心理療法の場合には，「親」という存在が介在することで，問題がより複雑になることがあるのです。

また，親の担当者が親に対する治療（親の個人的な問題に焦点を当てて，そのことに対する洞察を深めていこうというアプローチ）を進めようとしたために，親の精神状態が不安定になってしまい，子どもと共に心理療法に通ってくることができなくなってしまった，というような事例を耳にすることもあります。特に，親が精神保健上の問題を抱えている場合や，精神的に不安定になりやすい場合などは，親の面接担当者は最大限の配慮をしつつ，親子並行面接の目的は，あくまでも親が親として機能することを支えることであると，肝に銘じておく必要があるといえるでしょう。この目的という「枠」をはみ出しては，元も子もないのです。

第3節　事例——親面接：ジルさんの場合

ここで紹介するジルさんの事例は，エドモンドの事例とは多少状況が異なります。というのも，こちらは，親の精神保健プロジェクトが始動し，機能し始めた頃にCAMHSクリニックに紹介されてきたもので，CAMHSでは子どもの心理療法と並行して母親面接を行いながらも，成人チームとの定期的なディスカッションを行うなど，連携がよりスムーズに進められた事例で

1. CAMHSクリニックに紹介されるまでの経緯

　ジルさんは，アイルランドの厳格なカトリック家庭で育ちましたが，20代前半での統合失調症の発病をきっかけに，イスラム教に改宗しています。彼女は後に私との面接のなかで，自分はこの信仰のおかげで自らの病に立ち向かうことができ，支えられてきたのだと信じていると語っていました。

　さて，ジルさんは19歳の頃，当時交際していた男性との間にジェーンを身ごもり，そのまま，その頃通っていた電気技術関係の専門学校を中退して結婚します。しかし，この夫の暴力が原因で，ジェーンが3歳の頃には離婚しています。私との面接のなかでジルさんは，この妊娠・出産と結婚が，自分の人生のなかでも最大の失敗なのだと語るようになります。離婚後およそ1年間は，ジルさんとジェーンの母子は二人で生活をしていたのですが，間もなくジルさんは発病し，入院せざるを得なくなりました。

　ジェーンは，母親のジルさんが入退院を繰り返していた1年ほどの期間は，里親に預けられて過ごしています。その後，病状が安定して退院してきたジルさんは，すでにイスラム教に改宗していました。そして，同じ病院の入院患者を通じて知り合った，やはりイスラム教徒で，北アフリカ地域出身の男性と再婚します。こうして，ジェーンも含めた3人での新しい生活が始まったのです。このとき，ジェーンもイスラム教に改宗しています[*7]。

　その後間もなく，5歳になったジェーンは，ジルさんや自分の衣服を切り裂いたり，里親宅に預けられて辛かった思いや怒りをジルさんにぶちまけるなどし始めたのです。そこで，対処しきれなくなったジルさんは，自身の担当SWにこのことについて相談します。そして，ジルさんとジェーンは，そのSWより，当時私が勤務していたCAMHSクリニックのこのプロジェクトに紹介されてきたのです。

[*7] ジェーンはこのときの改宗について，「よくわからなかったけれど，自分だけがママや新しいお父さんと"違う"のは耐え難かったし，ママと一緒でいたかったから」と，当時を振り返って自分の心理療法士に話している。そして，通学などの外出時には頭にスカーフをまとい，家庭のなかでは，イスラム教徒として新しく与えられた名前で呼ばれるようになる。

2. 母親面接に至るまでの経緯

　クリニックに紹介されてきた当時，ジルさんは非常に被害的で被迫害的な不安をクリニックに対して抱いており，クリニックでジェーンと自分が別々にそれぞれの担当者に会うなどということは，もってのほかだと感じていました。彼女は，クリニックのスタッフから，自分にはジェーンを養育することは無理だから再度ジェーンを里親に委託してはどうか，などと切り出されることを恐れていたのではなかったかと思われます。また，夫は内向的な人物であり，決してクリニックにはやってこないと言い張り，ジェーンの継父として共に来院してほしいというクリニックからの要請は，まったく受け入れられませんでした。

　そこで，臨床心理士と子どもの心理療法士，ジェーンとジルさん，という4人での面接が，月に2回という頻度で設定されることになりました*8。この形態での面接は，ジルさんがうっかり予約を忘れる，あるいは体調が悪くて外出できないなど，さまざまな理由でなかなか軌道に乗せることが難しい状況でした。そのようななか，約1年後にジルさんは妊娠するのです。CMHTの彼女の担当医をはじめ，クリニックの担当者やSWなどの関係者は，彼女がこの妊娠・出産を無事に乗り越えられるのかどうか非常に不安だったのですが，訪問看護師の援助などを受けて，彼女は無事に男児を出産します。

　しかし，この頃より，ジェーンの家庭内での疎外感がいっそう強まったためでしょうか，衣服を切り裂くという彼女の行為は，よりいっそうの激しさを増していったのです。そこでジルさんは，ようやくジェーンが一人で心理療法士に会ってみるということを了解したのです。こうして，ジェーンの週1回の心理療法が始まりますが，臨床心理士とこの担当心理療法士，そしてジェーンとジルさんという4人での当初の面接形態は，ジェーンの心理療法

---

*8　これは，ジルさんの精神状態に無理がかからない程度を考慮しつつも，同時に，ジルさんとジェーンが置かれている状況についてより広い視点を持って検討するという，いわゆる包括的アセスメントとして設定され，機能した。また，ジルさんは，CMHTでの投薬治療は続けていたが，その際，そこで臨床心理士が提供する認知行動療法を受けることは，拒否していた。

の学期ごとの振り返り面接という形で，継続されることになりました。

　臨床心理士とジェーンの担当心理療法士は，この間も，ジルさんが母親としてより良く機能し，ジェーンの気持ちを少しでも理解できるようになるためにも，母親としての面接を受ける必要があることを痛切に感じていました。しかし，それを拒絶するジルさんを説得できないままに，1 年以上が経過していきました。

　そしてちょうどその頃，担当の臨床心理士の転出が決まったのです。そこで，これを機会にと，ジェーンの担当心理療法士が，ジルさんもジェーン同様に，母親としての面接を別の担当者に受けてみてはどうかと，再び示唆したのです。そして，ジルさんもようやくこれに同意したため，私がジルさんの母親面接の担当者として，紹介されることになったのです。このときまでに，彼らが初めてクリニックに紹介されてきてから，実に 3 年が経過していました。また，ジェーンが個人心理療法を受け始めてからは，ちょうど 1 年が経過していました。もちろんこの間にも，親の精神保健プロジェクトでは，ジェーン母子について定期的に検討が行われていました。

　彼らはクリニックから非常に近いところに暮らしていましたので，この頃にはジェーンは，一人で心理療法のセッションに通ってくるようになっていました。そこで，ジルさんとの面接は，双方の予定をすり合わせた結果，母子並行面接ではありながらも，ジェーンのセッションとは別の日時に，週 1 回，50 分の設定で行われることになりました。

3．2 年にわたるジルさんとの母親面接の経過

　ジルさんは当初，私との面接には，1 年前に生まれたジェーンの異父弟にあたるモハメッドを伴って来談していました。ジルさんのモハメッドに対する対応は，非常に自然で愛情に満ちたものでした。私は，ジェーンに対する不満を述べるときの，憎しみにも似た感情をあらわにするジルさんの様子とのこのあまりの落差に，家庭内で疎外感を感じているジェーンのことを思い，胸の痛む思いにとらわれていました。

　ときにジルさんは，モハメッドを伴わずに面接にやって来ましたが，そんなときは非常に緊張した面持ちで，自分の考えを述べては「私は間違ってい

ますか？」と，こちらの目をじっと覗き込むように問いかけてくるようなことが頻繁にありました。ジルさんは，まるで自分が間違っていると私から断罪されるのではないか，といった恐怖にも似た不安を抱いているかのようでした。そして，その緊張は私のほうにも強烈に伝わってきており，私自身の緊張*9 とも相まって，部屋の中は常に緊迫した空気が張り詰めているような状態でした。まるで，モハメッドが私たち二人の間に介在していることが，私たちの間の緊張関係を和らげる役割を担ってでもいるかのようでした。つまり，モハメッドはあたかも，私たち双方にとって居心地の良い空間を演出するために，必要不可欠な存在であるかのようだったのです。

　しかし，そうした面接が続いた数カ月後のある日，ジルさんは自ら「これからは面接には息子を連れてこないことにします。息子は，話の内容はわかっていないだろうとは思うけれど，やはりあの子がいると本当に話したいことを話しにくいので……」と告げ，以後，モハメッドのベビーシッターの都合がつかないとき以外は，ジルさんはモハメッドを伴って面接に現れることはなくなったのです。

　するとジルさんは，これまで抑えていたものを一気に吐き出すかのように話し始めました*10。まるで，もう私から断罪されると恐れる必要はなくなったと，感じているかのようでした。私は先に，モハメッドは私たちの間の緊張を和らげるような役割を担っていたのではなかったかと述べましたが，反対にモハメッドが存在することで，ジルさんは自分が犯してしまった罪，つまり，ジェーンを阻害してしまう結果になったことに，おののいていたのかもしれません。そうした罪を意識させられるモハメッド，そしてジルさんの新しい宗教を象徴するモハメッドが，この面接の場に存在しないことで，ジルさんはより自由に話をすることができるようになっていったのかもしれません。

　ジルさんがまず語り始めたのは，20代で発病して入院した頃，自身の母

---

*9　私には，この間ずっと一人で面接を受けることを拒否し続けていたにもかかわらず，ようやくそれを受け入れたジルさんを，何とかこの面接につなぎとめておかなければならないという，強烈な逆転移感情があった。

*10　このようなジルさんの話を懸命に聞くことに集中し始めた私は，いつの間にか先のような緊張状態からは解放されていた。

親や姉がジェーンを引き取って養育してくれてもよかったものを，決してそのような助けの手を差し伸べてはくれなかったという怒りでした。そして，そのことのために，今もジェーンは里子に出されたという「外傷体験」を引きずっており，自分との関係もそのためにうまくいかないのだという思いです。

また，自身が現在のジェーンと同じ年の頃は，いつも控えめで我慢ばかりしていたことや，父親がアルコール依存症で家計はいつも逼迫しており，両親間の喧嘩が絶えなかったというエピソードが，数多く語られました。そのようななかで，自分は感情を押し殺して，小さくなって生きてきたのだと言います。「それなのにジェーンときたら，親に口答えはするし，反抗的で，いったいどういうつもりなのかしら？　私の子ども時代よりもずっと恵まれた環境にいるというのに，こんな態度をとるのはもってのほかじゃないかしら」。これがジルさんの主張でした。この頃のジルさんにとっては，ジェーンの立場から現在の家族の状況を見直してみるなどということは，ほぼ不可能に近いようでした。また，ジェーンが自分の意見を言ったり親に反抗したりするのは，成長の一過程ではないかといった視点も，受け入れるのは非常に困難なようでした。

一方でジルさんは，自身の信仰の話を熱心にすることもありました。また，私に日本の仏教信仰[*11]について尋ねたり，「日本人の子どもは仏教の教えを従順に守り，親や教師に対しては非常に礼儀正しくふるまい，反抗などいっさいしないのでしょう？」と，確信に満ちた様子で問いかけてくることもありました。このとき私は，ここでこのような話をすることに迷いを感じながらも，「日本では確かに仏教の考え方が生活に根ざしている面はあるかもしれませんが，それでも，子どもたちが親や教師に反抗するといったことは成長の過程で当たり前にあること」であるといった趣旨のことを話しました。すると，ジルさんはまるで目からうろこが落ちたというような表情で，自分の抱いていた礼儀正しい日本人像ばかりが真実なのではなく，日本人の子どももイギリス人の子どもと同じように，親や教師に対して反抗もするも

[*11]　ジルさんは，私の姓名から，私が日本人だと確信していた。

のなのかと，妙に納得したりするのでした。

　そして，この頃からジルさんは，少しずつではありますが，私の第三者的な視点というものを，受け入れられるようになり始めたように思われます。たとえば，ジェーンを夫の出身国の学校へ送るつもりだという話をしているときに，そこではジェーンは"外国人"になってしまい，言葉も不自由ななかで大変な苦労を強いられるのではないか，といった一見当たり前のように思われる視点でさえ，「ああ，そんなことは考えもしませんでした……それもそうですね」と，この案には更なる熟考が必要だと気づいたりするのです。

　また，ジェーンの反抗的な言動全般に関しても，「ジルさんは子どもの頃に反抗できず，苦しい思いをして過ごしてきたということですが，それがはたしてジルさんの人生にとってプラスになったのでしょうか？　それが決してプラスにはならなかったと感じているのだとしたら，ジルさんが面接のなかで繰り返し語っているように，今も自分の子ども時代や自身の親に対する複雑な感情を抱え続け，苦しんでいるとするならば，ジェーンにとって少しでも自分の気持ちを表現する場が家庭のなかにあることは，むしろ大切なことなのではないのでしょうか？」といったことなども，少しずつ受け入れられるようになっていったのです。

　さて，ジルさんは処方される薬が変わるたびに，それに適応するまでの間は，副作用のために眠かったり身体がだるかったりするようなことが続きます。そうなると自宅にこもりきりになり，面接にも来られないということがたびたび起こりました。あるいは，何とか面接にやっては来ても，うつろな表情でほとんど話ができない状態のこともしばしばでした。その間，子どもたちの世話は夫がしているようでしたが，この夫自身も長年のうつ病を抱えており，決してこの家族の生活がスムーズに運んでいるとは考えられませんでした。

　このような家庭の状況から，ジルさん個人に対する訪問看護はもとより，家事を含むソーシャルサービスからのあらゆる援助は，この家庭にとって決して欠かせないものでした[*12]。ジルさんは体調が安定して面接に戻ってくるたびに，彼女の面接時間を確保して待っていた私に対して，丁重なお礼を述

べるのです。そして，私との面接が始まって約1年半を過ぎた頃には，主治医の判断で，ジルさんは月2回の通院による注射治療を受けるという方針に切り替えられました。これは，ジルさんが時々服薬を忘れてしまうために不安定になるという状態を避けることが，主なねらいでした。

そして，面接の開始から約2年後，私がクリニックを去ることが決まったため，ジルさんの面接を今後どのように引き継いでいくのかという課題が出てきました。ジルさんは，以前はCMHTで認知行動療法を受けることを拒否していたことを思い起こしながら，それでも今の自分なら，自分の問題についてより主体的に考えることができる自信があるので，ジェーンの親としての面接ではなく，むしろ成人チームでの個人心理療法を受けてみたいという希望を明確にしたのです。

そこでさっそく，親の精神保健プロジェクトにおいて，ジルさんについて，これまでの経過と現在のジルさんの希望を含めて，詳細に検討されました。そして，ジルさんの担当SWや，地域精神科看護師（Community Psychiatric Nurse：CPN），ジルさんを取り巻く関係諸機関との合同カンファレンス[*13]において，今後ジルさんがクリニックの成人チームで，個人心理療法を受けることが合意されました。そしてジルさんには，成人チームの精神科医でもある精神分析家が，まずは初回のアセスメント面接を行うことが決まりました。

しかし，ジルさん自身が，その分析家といきなり初対面で二人だけで会って面接を受けることはかなりハードルが高いと感じていたこともあり，まずは私も含めた三者で，初回の面接が設定されることになりました。その際のジルさんの緊張はかなり高く，面接を担当した分析家は，面接時間を当初予

[*12] この地域では，精神保健上の問題を抱える親の子どもを対象としたグループ活動が，活発に行われていた。ジェーンもこの活動に参加し，放課後や休日のレクリエーションに参加したり，「突然奇妙な言動をすることがある私の親」というテーマについて，同じような悩みや疑問を抱える子どもたち同士が語り合うピアグループのような場に参加したりしていた。こうした活動は，「親は病気のために奇妙なのであって，決して子どもたちがおかしいのではない」ということを子どもたち自身が理解するとともに，言動の一致する"普通の"大人とのふれあいの機会を，できるだけ多く提供することが目的である。

[*13] 主治医は月に1回，10分程度の診察を定期的に行うが，患者の投薬管理や状態の把握などは，主にCMHTのCPNが行うシステムになっている。そのため，このようなカンファレンスに主治医が参加したり，そこで意見を述べたりすることは，ほとんどない。

定していた 50 分から 30 分ほどに短縮して切り上げたほどでした。とはいえ，面接室から私と二人で退室したジルさんは，まるで緊張の糸がぷつんと解けたかのように私の顔を見て，「ああ緊張した！」と，自分の緊張の高さについて私に共感を求めるように笑っていました。

　その後ジルさんは，私との面接の最終回の後，間隔を空けずに成人心理療法士に紹介されることが決まったのです。ジルさんは新たな心理療法士に出会うことに対する不安を抱きながらも，私とのこれまで約 2 年間に及ぶ面接を振り返り，これがきっかけで自分の人生や病気と向き合うことができるようになり始め，またこれからはジェーンのことも自分とは別のひとりの人間として受け止めていくことができそうだと話し，今後に続く心理療法にも期待を抱いていました。

　また，これを機会に，夫にもジェーンの継父としてクリニックに来てくれるようにと伝えた私の意向を汲んで，ジルさんは夫と共に初めてクリニックに来てくれることになったのです。このとき夫は，ジェーンの担当心理療法士とも，初めて顔を合わせることになりました。実際にクリニックを訪れた夫は，ジルさんが話していたほどに内向的な人物などではなく，むしろ彼からは，懸命にジェーンのことを考え，ジェーンも含めた今のこの 4 人家族という形態を維持していこうと精一杯に努力している姿が伝わってきました。これは，ジェーンの担当心理療法士にも大きな希望をもたらす対面となったことは，言うまでもありません。

　以後ジルさんは，成人チームでの個人心理療法を受けながらも，同時に今後は夫と共にジェーンの親としての面接を，別の子どもの心理療法士から定期的に受けるようになったのでした。

　さて，2004 年に英国政府が発した「すべての子どもを大切に（Every Child Matters, 2004）」においても，援助を必要とする子ども，あるいはリスクのある子どもに対して，「家族」を視野に入れた統合的アプローチの重要性が強調されています。これはまた，精神保健上の問題を持つ親にサービスを提供する際に，その親をケアする必要のある子どもについても，アセスメントすることが求められるようになっていることとも呼応します[*14]。またこのよ

うな状況に際して求められている課題に，より適切に対応するためには，子どもと大人の両方の文脈から，家族を一つのまとまりとしてとらえるようなアプローチが必要である，という考えもあります（Daniel & Wren, 2005）。つまり，それぞれの家族の歴史，専門家や社会的サービスとの関わりや関係性が家族に与える影響など，個々の家族に特有の状況について理解するという意味においてです。

いずれにせよ，ここで私たち多職種すべての専門家に求められる態度は，以下のようにまとめられるでしょう[*15]。

(1) 子どものニーズとリスクに関する意識を保持するうえで，拡大家族や社会資源など，その家族にとって有効な資源を把握，整理しつつ，他職種・他機関協働を意識すること。
(2) 親の精神保健上の問題について，子どもがいかに考え，どの程度の知識を持っているのかを把握しておくこと。
(3) 長期にわたり精神保健サービスに関わってきた大人にとっては，「患者」としてのアイデンティティとともに，「親」としてのアイデンティティがいかなるものであるのか，つまり彼らが親であるということについてどのような思いを抱いているのかについても注目すること。そして，私たちは，その「患者」のアイデンティティに対してアプローチしたり，心理療法を行おうとしたりするのではなく，あくまでもその人が「親」として機能するのをサポートする，という意識を持っておくこと。
(4) 親と子どもの双方が，不安や，いかに困難な状況に対処するのかということについて，互いに話し合えるよう援助すること。

つまり，いかに「関係をとるのが難しい（hard to engage）」親や家族と協

[*14] Social Care Institute for Excellence による 7th Parental Mental Health and Child Welfare Conference（2009 年）の Falkov, A. と West, S. による発表 "Think parent, think child, think family" より。
[*15] The Tavistock & Portman CPD プログラムより一部抜粋し，著者翻訳。

働していくことができるのかについて考える機会が，私たちには必要なのだ（Daniel & Wren, 2005）といえるでしょう。ここには，サービスの利用者である親と子どもの声を直接聞くことも含め，親の精神保健プロジェクトのように，その地域や個々のクリニックの特性に合った，新たなサービスの構築を目指していく必要性があると考えられます。

コラム⑤

政府主導による子育て支援プログラム
―― シュア・スタート（Sure Start）[*1]：ある地域の実践例

英国では，1997年に保守党政権から労働党政権へと大きな変革が起きましたが，シュア・スタートはそのときに始まった，10年計画のプログラムでした。

これはまず，英国全土で600カ所の貧困地区を特定し，そうした地域に焦点を当てて，周産期から就学前の子どもとその家族に対して，継続的なサービスを提供しようとするプログラムでした。サービスの対象は，5歳以下（就学前）の子どもを持つ地域の住民で，年間予算は日本円にして約2億5,000万円。2010年までに，すべての地域にこのサービスを設置することを目標にスタートしました。この政府予算は10年という期限つきで，2010年以降は各地方自治体の独自予算により，チルドレンズ・センター（Children's Centre）と名称を変えて発展させていく，という計画でした。

ここでは，ロンドン市内西部に位置するケンジントン＆チェルシー区で，当時行われていたシュア・スタートのプログラムの一例をご紹介したいと思います。

この区は，ヨーロッパ全体でも，5本の指に入る富裕層と，5本の指に入る貧困層が混在する，ユニークな地区です。また，区内で話されている言語は98に上るといわれるほど，多文化・多民族の共存する地区でもあります。日本人にとっては，英国はお金持ちの国というイメージが強いかもしれませんが，実際には，「子どもの貧困問題を何とかするべきだ」とEU連合から指摘されている区が，ロンドンの市内には他にもいくつかあるのが現状です。2011年の夏にロンドンで起き，その後，英国全土に飛び火した暴動も，この貧困問題とは決して切り離して考えることのできないものだといわれています。

さて，このシュア・スタートのチームは，保育士，保健師，看護師等の多職種からなる職員で構成されています。まず，保健師が出生前に全戸訪問を行い，出生後にもそれぞれ2カ月，9カ月，18カ月時に，全戸訪問します。その主な目的は，ハイリスク家庭の発見（産後うつや育児環境，虐待等のチェック）です。その際，シュア・スタートで行われているサービスについて紹介することで，誰でも気軽に集える場所が，自分の暮らす地域にあるのだということを知ってもらい，その

[*1] 学齢期の子ども（5〜16歳）に対しては，教育省の管轄でExtended Schoolという制度がある。

コラム⑤続き

職員との信頼関係を築くことが主な目的です。そして，その関係性を通して，近寄りがたくマイナス・イメージの伴いがちな，ソーシャルサービスや精神保健サービスに，必要に応じてつないでいこうとするものです。もちろん，シュア・スタートのサービスを利用することで，それほど深刻ではない育児不安やストレスの解消ができれば言うことはありません。より深刻な事態に陥っていくことを未然に防ぐという，シュア・スタートが本来持つ予防機能は，非常に大きなものだといえるでしょう。

たとえば，シュア・スタートのプログラムには，具体的には次のようなものがあります。

- 産前から産後にかけて自由に参加できる，10ヵ月のペアレンティング・プログラム：育児についての基礎を学ぶほか，禁煙・禁酒指導も行われます。
- 託児機能：1日に数時間単位で，子どもを預けることができます。
- 土曜日の父親教室：平日は仕事をしている父親が，育児に関する情報や疑問を，他の父親と共有しながら学べるコースです。
- 音楽教室：音楽を使った遊びを併設の図書館で行いますが，これは子どもの発語を促すと同時に，親子ともに本〈文字〉に触れる機会を提供することが目的です。
- ベビーマッサージ
- 健康志向の食事教室：肥満が社会問題になっていることを受けて行われています。
- 9ヵ月児以上を対象とする図書館サービス：子どもに話しかけたり，本を読み聞かせたりすることができない，あるいはそういった習慣のない親をターゲットにしています。
- 母国語サービス：むろん，98ヵ国語すべてに対応できるわけではありませんが，英語を母語としない，あるいは理解できない家族を視野に入れた支援です。

また，以下の二つもプログラムのなかでは大きな位置を占めています。

- 10代の親のためのポップインカフェ／10代のシングルマザーをターゲットとする母親グループ：10代で親となった少女が赤ん坊と共にやって来て，コーヒーを飲みながら談笑できる場を提供し，彼らの社会的孤立を防ぐことが目的です。
- 親に対する就労支援

これには，特に次のような背景があります。

この地域に限らず，一般に貧困地区とされる地域では親が不就労であることが多いのですが，そういった家庭に対して就労を促すことには，大きな矛盾がはらみます。というのも，不就労で子どもを持つ場合に得られる福祉手当のほうが，就労して得られる賃金よりも高額になる可能性が高いからです。また，職に就くことで，現在の住

コラム⑤続き

まいである公営住宅を出て行かねばならなくなる場合もあります。そうなると，それまで就労・自立の経験がない若い親にとっては，自力で生活資金と家賃を稼ぐということが，ほとんど不可能なことのように思われてくるわけです。また，一般に英国の保育所は，一律で月に 15 ～ 16 万円の費用がかかり，これはかなりの高額だといえます。そうなると，働かないで生活保護を受けているほうが，経済的には楽だという事態も起こってくるわけです。

こうした現実もあり，就労支援はかなり難しいのが実情です。

また，少女たちにとっては，自らの母親がそうであったように，16 歳で義務教育が終わる頃に子どもを生んで母子家庭になれば，公営住宅が与えられ，母子世帯のための補助金に加え，生活保護費まで支給されることになります。10 代で妊娠・出産をして，親から"自立"して別の公営住宅に移り，そこで福祉手当を受けながら子育てをする，といった断ち切りがたい連鎖が起きているのもまた一つの現実です。特にこの地区は，一つの公営団地のためだけにソーシャルサービスのオフィスが存在しているほど，こうした風潮が蔓延している地区です。

この少女たちの親は，彼女たちが義務教育終了試験を受け，さらに進学して資格や技術を習得するということを，特に奨励はしません（自らもそういった経験がないことが多いのです）。彼女たちにとっては，将来に向けての別の可能性が見えにくく，開けてこないという現実があるのです。シュア・スタートでは，こうした 10 代の親たちの社会的孤立を防ごうとポップインカフェなどを提供していますが，そこから学校に戻って何らかの技術を身につけることや，就労につなげていくことは，容易ではありません。

一方，富裕層には富裕層なりの問題があります。保健師が全戸訪問するということについては先に触れましたが，富裕層の家庭の場合，両親が共に仕事に出ており，保健師の家庭訪問は，子どもはたいてい子守りやオー・ペア*2 に面倒をみてもらっている時間帯になります。このオー・ペアに，5 歳の就学まで子どもの面倒を見てもらっている家庭も多いのですが，そうなると，子どもが英語で話しかけられる機会が，圧倒的に限られてしまいます。むろん，それだけが原因であるとはいえないにしろ，子どもの言葉の発達が遅れるという事態は，実際に起こっています。

保健師が全戸訪問の際に，子どもに何らかの発達のつまずきの可能性を疑った場合にも，そうした話が通じないままに放置される例もあり，専門家が両親に一度も会えないままに子ども

---

*2　住み込みあるいは通いで，子どもの世話や家事等を任されている。東欧出身の若い女性が，英語学校に通うかたわら英国人家庭に住み込んでいるケースが多い。

コラム⑤続き

が就学を迎えてしまう，ということも実際に起こっています。そして，5歳の就学時に，子どもの発達に大変な遅れが発見されても，どの関係機関もそのことを知らなかった，ということになるのです。そのような場合，親はたいがいが何らかの専門職に就くエリート層といわれる人たちですが，子どものことは子守りやオー・ペアに任せきりであるという，新たなタイプの「ネグレクト」が見られるのです。本当に，"ほど良い"養育とは，なんと難しいことなのでしょう……。

さて，英国には，日本でいうところの，いわゆる1歳半健診や3歳健診といった集団健診の制度がありません。英国に6カ月以上暮らす人はすべてGPに登録することになっていますので，子どもについて気になることがあれば，そこに相談に行きます。しかし，自主的にGPを受診しないかぎりは，相談の場は設けられていません。そのため，このシュア・スタートの制度によって，英国全土で，まずは少なくとも600カ所の貧困地域からでも，全戸訪問をして赤ん坊と家族の状態を把握しようというプログラムが始まったのは，画期的なことだといわれています。ただ，「ソーシャルサービスから来ました」と言うと毛嫌いされたり，関わりたくないと言ったりする人たちも多いため，「地域のシュア・スタートから来ました」「ベビーマッサージをしますよ」「赤ちゃんも一緒に入れるカフェがありますよ」などという声かけによって，少しでも専門機関に対する敷居を低くすることを目指しているのです。こうして，専門機関が門前払いされる可能性が低くなるという意味でも，これは子育て支援の画期的なプログラムだといわれています。

ちなみに，ソーシャルワーカーと心理職が同じオフィスで仕事をしているという話と同様に，日本には乳幼児集団健診のシステムがあるという話をすると，やはり英国人の同僚からは，「素晴らしい」と言われたものでした。

コラム⑥

タビストック・クリニックにおける「アンダー 5 サービス」とその日本での応用

　タビストック・クリニックには，5歳以下の子どもと家族に対する，5回までの短期介入カウンセリングサービスというものがあります。通常の子ども・家族部門（Child & Family Department）への相談には，申し込みから初回のアポイントメントまで，少なくとも 6 週間程度の待機がある状況です。しかし，このサービスが目指すところは，幼い子どもとその子どもを抱える家族が，より迅速に問題の解決に向かえるようになること，あるいはより深刻な問題を抱える子どもと家族の場合には，その後の虐待等の問題に発展していくことを未然に防ぐことにあります。つまりは，この 5 回の面接が，子どもと家族の抱える問題の本質やニーズに対するアセスメントとして機能するわけです。そういった意味で，第 6 章で紹介します思春期・青年期の青少年に向けたウォークインサービス（Walk-in Service）がアセスメントの機能を果たすという点とも，共通するものだといえるでしょう。

　さて，このサービスにおける心理療法士の基本的な態度は，精神分析的観察および神経科学も含めた子どもの発達研究の知見を生かしながら，子どもとその家族に対する理解を深め，そこに変化を促そうとするものです。また，特に地域に根ざした迅速で柔軟な対応が強調されています。相談に訪れた子どものニーズに対応するため，最善の方法は何なのか，母子を「対（dyad）」としてみるのか，子どもよりもむしろ親に焦点を当ててみるのか，あるいは家族全体を一つのユニットとしてみるのか……等々[1]。

　バロウズ（Burrows, 2011）[2]は，内在化された親の超自我こそが，赤ん坊の最善で健全な発達を決定づける主要な要因であるとし，ここではより柔軟な治療的アプローチが望ましいと主張しています。たとえば，母親が精神保健上の問題を抱えているような場合には，母親の面接を行う担当者とは別の担当者が，父親と赤ん坊という「対」との面接を行いながらも，常に「両親と赤ん坊」という組み合わせにも対応できるスペースを心がける，といったアプローチが挙げられます。あるいは，両親ともに「うまく機能している

---

[1] Edginton, E.（2011 年 6 月）および Porter, C.（2011 年 7 月）による，Observing, Connecting, Containing: The Tavistock Model of Psychoanalytic Work with Parents, Infants and Young Children を参考にまとめた。

[2] The Tavistock Under 5's Spring Short Course（2011 年 3 月）における発表論文より。

コラム⑥続き

カップル」であるようだとの見立てがある場合には、子ども個人に対する心理療法を中心に行うこともあるでしょう。

一方、ヨウエル（Youell, 2011）*3 は、このサービスに紹介されてくるなかで最も一般的な問題の一つに、分離不安を挙げています。ここで大切なことは、それが非常に激しい原初的な分離不安であるのか、あるいは発達の移行期における正常な不安なのかをアセスメントすることです。つまり、それが5回の介入モデルで十分に援助ができるものなのか、あるいはより長期にわたる広範な援助が求められるものなのかをアセスメントすることの重要性が、強調されているといえます。

こうした取り組みを参考に、私が現在勤務する大阪経済大学の心理臨床センターでは、2011年度より「発達相談サービス」をスタートしました*4。以下に、その報告文*5 の一部を引用します。

【大阪経済大学心理臨床センターにおける発達相談サービス】

　心理臨床センターでは、2011年度より発達相談サービスという事業を開始いたしました。これは、コミュニケーションがうまくとれない、トイレット・トレーニングがうまくいかない、言葉の遅れがある、勉強についていけないなど、発達にかかわるお悩みについて、ご家族のお話をうかがいながら、必要に応じて、発達検査や心理検査を行い、お子様の状況について考え、助言を行うというものです。幼稚園や学校場面でのお子様の観察や、先生方とのコンサルテーションを行うこともできます。

　発達相談サービスは、5回でワンセットとなっている相談サービスです。5回という短い回数ですので、『子どもの発達が気になるけれど、心理療法ってどういうものかわからない』『長期にわたる相談は敷居が高い』『どういうところに相談していいのかわからない』と思われる方にも、お申し込みしていただきやすいものではないかと思います。もちろん、5回の相談が終わった後、フォローアップ面接や、心理療法の提供も可能です。また、一度発達相談サービスを受けられた方でも、半年以上の期間が空いていれば、もう一度同サービスにお申し込みいただくこともできます。

*3　上記*2と出典は同じ。
*4　2011年度の成果に関しては、2012年9月の日本心理臨床学会第31回秋期大会において、ポスター発表を行う予定である。
*5　大阪経済大学心理臨床センター事業報告書「子どもの心理療法」（堀内瞳分担執筆：2011年）より一部抜粋。

コラム⑥続き

ここでは，必要に応じて，発達検査や心理検査を行う旨が記載されていますが，タビストック・クリニックにおける「アンダー5サービス」との相違点は，ここにあります。英国では，こうした心理検査は臨床心理士が専門とするところであり，心理療法士はもっぱら行動観察によるアセスメントを行うことが主です。しかし，日本の現状では，臨床心理士がその両方を担っていますし，相談に来られる方にとっても「検査」が受けられるということが，相談に対するきっかけの一つになることも多いと思われます。そのため，「検査」ということをはじめから排除せず，それも相談の流れのなかの一つのオプションとして位置づけて，受け付けることにしています。

次に，このサービスの担当者ですが，現時点では発達相談サービス専任の臨床心理士とともに，大学院生が相談にあたっています。タビストック・クリニックの「アンダー5サービス」では，週に1回の乳幼児精神保健ワークショップ（Infant Mental Health Workshop）において，「アンダー5サービス」への相談申し込みケースに関するインテーク会議，および事例検討が行われており，ここには，サービスの担当者，および担当を希望する臨床訓練生の参加が義務づけられています。

このシステムにのっとり，本学の大学院でも，「地域発達相談演習」という新設科目を立ち上げました。この授業では，発達相談サービスにおける事例検討を，綿密に行います。また，精神分析的行動観察の知見を持つ臨床心理士や私が，実際に面接を行う場面に陪席したり，その詳細な逐語記録を検討したりするなかで，初心の大学院生も，子どもの行動観察によるアセスメントの技術を習得していくことを目指しているのです。同時に学外でも，精神分析的知見のあるスーパーヴァイザーからスーパーヴィジョンを受けたり，乳児観察の体験や精神分析に関連するセミナー等に参加したりすることを奨励しています。実際，タビストック・クリニックの「アンダー5サービス」においても，訓練生でこのサービスを担当する者は，上記のワークショップに毎週参加しながら，このサービスで担当する事例について個人スーパーヴィジョンを受けることが義務づけられていました。

本学における発達相談サービスはまだ始まったばかりですが，従来の公的機関における発達相談が，1回の発達検査の実施とその結果に対するフィードバックのみで終結してしまいがちであるところから，もう一歩踏み込んだ発達の見立てと理解を提供することを目指したいと考えています。

第6章 思春期・青年期へ発信する精神保健相談への入り口
―― ロンドンのある公的精神保健クリニックにおけるプロジェクト「話すための場所（A Place to Talk: Young People's Walk-in Service)」

　このサービスは，16～30歳までの思春期・青年期の人々を対象に，最大4回までのセッションを提供する，短期のカウンセリング・サービスです。

　一般に，「精神保健（Mental Health）」という言葉に強い抵抗感を抱くことの多いこの年齢の人々に対し，相談窓口のシステムの敷居を低くすることで，自分の気持ちや考えを言葉に出して話してみるという体験，そしてそれを誰かに聞いてもらい，理解されるという体験を提供し，精神保健サービスに対する抵抗感を払しょくすることが，このサービスの第一のねらいです。また，深刻な精神保健上の問題を抱えていながらも，精神保健サービスと関わりを持つことへの不安が大きい青年にとっては，その相談へのファースト・ステップとしての機能をも果たそうとするものです。つまり，このサービスは，彼らが抱える問題の大小にかかわらず，彼らが少しでも精神保健サービスというものを抵抗なく利用できるようになることを目的に，設置されたものなのです。

　このサービスでは，初回来談時に，事前の予約や他機関からの紹介の必要がないのが特徴の一つです。クライエントは自らクリニックにやってきてもかまいませんし，GP（一般診療科医），学校，家族などからの紹介でやってくることもできます。これも，精神保健サービスの敷居を低くするための工夫の一つです。そのため，CAMHS（子ども・思春期精神保健サービス）チームでは，週に1回の午後，心理療法士や臨床心理士，精神科医や精神科看護

師といった多職種スタッフが順次ローテーションを組んで，こうしたいわゆる"飛び込み"のクライエントのために待機するシステムになっています。

このサービスのもう一つの特徴は，一般には居住区域ごとに決められている精神保健サービスの垣根をなくし，どの地域に居住するクライエントであっても相談を受け付けるという点です。ここには，ロンドンのすべてのCAMHSクリニックにおいて，同様のサービスが展開されていないという現実も反映されています。ともかく，専門的なサービスを必要とする青年たちに，一度，精神保健サービスの扉を叩いてもらうということが最優先課題として考えられているのです。

さて，このサービスの対象は，さまざまな問題，つまり家族や友人，あるいは恋愛における関係性の問題，また学業やキャリアの問題などを抱える，16～30歳という広い年齢層です。4回という限られたセッションのなかで，彼らが体験している困難さについて，より明確にすることを目指します。思春期・青年期の人々に出会う際，彼らの年代が抱える特有の困難とその性質について，またその表現のされ方（自傷や自殺企図など）を含めた発達的，心理・社会的要因についても，理解しておくことが必要であることは言うまでもありません。そのうえで，精神分析的な知見をベースにした，いわゆる短期介入が行われるのです。

セッションには，4回のサービス後にさらなる援助を求めることや，そのためにより適切な援助が受けられるほかの機関について話し合ったりすることも含まれ，その後の方針については，本人と担当者との話し合いで決めていくことになります。そういった意味で，このサービスは，アセスメントとしての機能も果たしているといえるのです。そこで，もし，長期的な援助が必要だと考えられた場合には，クライエントの居住区域内で最適だと考えられるサービスを探し，それを提案します。たとえば，クライエントがクリニックのサービスの対象となる居住区域に住んでいるとすれば，クリニック内でCAMHSのクライエントとして相談が継続されることになります。たとえば本章の第3節事例③のヘレンの場合は，この短期サービスの後に，より集中的な心理療法が必要であり，かつ適していると判断され，CAMHSチーム内で集中心理療法を行うことになったものです。一方，クライエン

トが居住区域以外に住んでいたり，クリニック内の CAMHS や成人チームでの継続相談が適切ではないと判断された場合には，そのクライアントにとってより最適なサービスを探すために，最大限の努力が払われます。こうした場合には，多くの他機関連携を要することになります（たとえば，本章の第1節事例①のルーシーや，第2節事例②のスージーの場合など）。こうした事例では，子ども・青年心理療法士がむしろソーシャルワーカー（以下 SW）のような役割を果たすことになります。

第1節　事例①──短期介入と他機関連携：ルーシーの場合

　ルーシーは，ロンドンで音楽の勉強をするため，1年前に北欧のある国から留学してきた21歳の女性でした。彼女は，自分でこのサービスに予約を取り，当日も一人で時間どおりにやってきました。ここが，このサービスと通常のクリニックで行われている初回面接[*1]との違いなのですが，彼女と出会ったとき，私は彼女の名前以外は彼女について何も知りませんでした。

　長身で細身の彼女は，親しみやすい印象を与える女性でした。はじめに彼女は，恥ずかしそうに，「英語を話すのがあまり得意ではないのだけれど，カウンセリングを受けたいと思った」と言い，最初にそのことについて相談した GP が，このサービスを受けてみることを勧めてくれたのだと話しました。

　彼女が相談申込票に必要事項を記入するのを眺めながら，私は，彼女がこのクリニックのサービスの対象居住区域外に住んでいることに気がつきました。そこで，私はまず，そのことについて彼女に説明しなければなりませんでした。つまり，彼女はここに4回のセッションまではやって来ることがで

[*1] CAMHS クリニックでは，GP やソーシャルサービス，あるいは学校等の機関からの紹介の場合でも，本人や家族が直接相談を申し込む場合でも，事前にクリニックからクライエントの自宅宛に相談申込票を送付し，本人と家族の相談の意思の確認を行うとともに，家族の状況や主訴などについて，簡単な質問事項を記入してもらうことになっている。それを初回来談前にクリニックに返送してもらうか，あるいは初回来談時に直接持参してもらうことになっている（もちろん，すべての来談者が事前にこれを記入しているとは限らないが……）。また，他機関からの紹介の場合には，それらの機関による関わりの経過などの詳細が，事前に送られてくることになっている。

きますが，その後については，この4回のなかでどのように進めていくのがよいのかを，共に考えていかなければならないということです。彼女は，少なくとも4回は通ってくることができるならそれでよいと，ひとまずは安心した様子でした。このときの彼女は，とにかく誰かに話をする必要に迫られていたようでした。

　彼女はさっそく，かなり複雑な生育歴について語り始めました。

　ルーシーは，父親の仕事の関係で，14歳までは地中海沿岸のある国で育ちました。その後，両親と妹とルーシーの4人家族は，自国である北欧の国に帰国することになったのですが，ルーシーも妹も，この"新しい"国の気候にも文化にもなじむことができなかったのです。姉妹は二人揃って抑うつ的になり，ルーシーは2回にわたって大量服薬をして，思春期病棟に入院した経験があるということです。入院中と退院後もしばらくは，その病院内でカウンセリングを受けていたと言います。そのときの体験から，抑うつ的になったときに人に話を聞いてもらうということが，自分にとっては助けになるのだと考えるようになった，ということでした。ちょうどその同じ頃，彼女の妹は自宅の2階から身を投げ，そのままルーシーと同じ病棟に入院になったと言います。こうした出来事のさなか，今度は父親ががんを患っていることがわかり，あっという間に亡くなってしまったのです。家族は皆，父親の主治医の判断に誤りがあったに違いないと，当時の主治医を責めました。しかし，いくら主治医を責め，不服を申し立てたところで，亡くなった父親が戻ってくることはありません。

　そうしたなかで何とか義務教育を終えたルーシーは，何ら良い思い出も体験もない自国を出なければならないという，強い思いを抱くようになったと言います。父親には，ルーシーの母親との結婚前にも前妻との間に子どもが一人いました。ルーシーにとっては，年齢の離れた異母兄にあたるのですが，彼がルーシーの英国留学に際して，金銭面での援助をしてくれたということでした。

　これがルーシーの，重すぎるともいえる21年間の人生の物語でした。しかし，彼女はこうした苦痛な体験について話しながらも，絶えず笑みを絶やさないでいたのです。そして彼女は，最近また抑うつ感が戻ってきたため，

これが以前のようにひどくなってしまう前に，援助を求めてやってきたのだということでした。

　ルーシーはまた，現在，かなりのプレッシャーにさらされていると言います。学校の試験の結果を待っているのですが，その結果いかんで次の学年のコースが決められてしまうということでした。また，彼女とアパートを共有していた友人が，過度な体重減少のためについに病院に入院してしまったのですが，このことでもルーシーの心労は続いていました。入院せざるを得なくなったこの友人のことを哀れに思いながらも，彼女が病院に入ったことで，そこで適切なケアが受けられるようになったことに安心もしていました。一方，現実面では，こうした状況のため，彼女は新しいフラットメイト（同居人）を探さなければいけなくなったのです。そうしなければ，ルーシーが一人で現在借りているアパートの家賃を支払っていくことは，経済的に無理だったからです。

　そうした状況のなか，彼女のボーイフレンドがそのアパートに引っ越してきたいと申し出ていたのですが，ルーシー自身はボーイフレンドと一緒に暮らすほどには，彼との関係を真剣に考える自信がないのだと言います。彼女は，ボーイフレンドと"適切な"距離を保つということに不安を抱いていたのです。なぜなら，彼女にとって距離感というものが，過去のボーイフレンドとの間でも，常に問題であったからでした。

　こうして聞いていると，ルーシーの問題は，かなり長期にわたって続いてきているもののようでした。そのため，こうした事柄をたった4回のセッションですべて考えるということは，到底不可能なことのように思われました。そこで私は，現在，最も早急に解決しなければならないこと，すなわち，ボーイフレンドを新しいフラットメイトとして受け入れることができるのかどうか，もしできないならば彼女の不安について彼に説明することができるのかどうかについて，焦点を絞って考えてみることを提案しました。また，彼女が長期にわたって援助が受けられるようなサービスが，彼女の居住区域内にあるかどうかを調べてみることを約束して，この最初のセッションを終了しました。その際，ルーシーは，絵を描くことが好きなので「アートセラピーを受けてみたい」と言っていました。

さて，ルーシーは，以後の3回のセッションにも，毎回遅れずにやってきました。ところが，それらのセッションでは，非常に具体的で実践的な助言を求め続けるのです。感情や不安について話すというよりも，むしろ事実を羅列しては，「どうしたらいいんでしょう？」と問うてきます。たとえば，小さな紙切れ1枚であっても，物を捨てるということに大変な不安を覚えるという彼女は，部屋の片付けがまったくできないのだと言います。彼女の部屋は，こうして積み上げられたもののために，床もテーブルの表面も見えないほどになってしまっているのだそうです。

結局のところ彼女は，もしボーイフレンドが彼女のアパートに引っ越してきたら，この状態が彼に"ばれる"ことを恥ずかしがっているのでした。しかし，ほかにフラットメイトを見つけられない状態にあった彼女は，この頃には，彼の引っ越して来たいという気持ちに従うしか，方法がなくなっていたのでした。

とはいえルーシーは，ボーイフレンドに関して，一方で彼との関係が親密になり過ぎることを恐れながらも，もう一方では彼から見捨てられることを恐れているといった不安について，少しは考えることができるようでした。たとえば，彼が休暇で数週間実家に帰っていた間にも，彼は毎日のように彼女の携帯電話にメッセージを送ってきていたのですが，これは，実際の距離が離れていても自分たちの関係が続いていることの証として，彼女を安心させるものでした。しかし，自分が戻ってくるときに空港まで迎えに来てほしいという彼からのリクエストは，拒否するのです。それは，"待つ"という行為によって，自分の立場を傷つきやすく弱いものにはしたくないためだと言います。彼女は，自分が最も心地良く対応できる彼との間の距離感というものを，必死になって探しあてようとしていたようでした。

3回目のセッションの終わりまでに，ルーシーと私は，今後，彼女が心理療法という枠組みのなかで，複雑な感情や思いについて考えるということは現在の彼女にとっては負担が大きすぎるように感じられるということを共有しました。その一方で，「どうやって片付けをすることができるのか」といった，実践的な助言や援助を得たいという彼女の希望がより明確になりました。

さて，ルーシーの居住区域内でこうしたルーシーの状態と希望に見合った適切なサービスを見つけることは，容易ではありませんでした。彼女の居住区の GP 診療所で提供しているカウンセリングサービスの待機リストは，膨大なものでした。これも，GP がルーシーがすぐに対応してもらえるであろう，こちらのサービスを勧めた理由の一つだったのでしょう。また，アートセラピーを提供しているクリニックを見つけることも，容易ではありませんでした。あらゆる可能性を求めて電話を繰り返すうち，彼女の居住区域にある総合病院で，アートセラピーが提供されていることがわかりました。しかし，この病院でアートセラピーを受けるためには，ルーシーは地域の精神保健チーム（Community Mental Health Team：CMHT）の紹介状が必要になります。私は，一人のクライエントの希望やニーズに応えるために，いったいどれほど複雑な"正規の"ルートをくぐり抜けねばならないのかと，希望が見えないような疲れすら感じていました……。しかし，これが英国の公的医療制度の現実です。日本のように，患者が希望する病院を選んで，そこを自由に受診するということはできないのです。

実際ルーシーは，私たちのサービスにやってくる前に，当の CMHT にもかかっていたのですが，そこから GP 診療所のカウンセリングの待機リストに戻されていたのです[*2]。その CMHT でルーシーのアセスメント面接を行った SW と電話で話したところ，彼はそこで提供している認知行動療法は，ルーシーの役には立たないだろうとの印象を持っていたのだと言います。そこで私は，ルーシーは物が捨てられないことにまつわる強い不安のために，結果として部屋の片付けができないでおり，彼女はそのことに対する具体的かつ実践的な助言を求めているのだということを説明しました。この話を聞

[*2] 英国の公的医療システムでは，16 歳以上の人が精神保健サービスを受けることを希望する場合，まずは登録している GP を受診して，そこから CMHT を紹介してもらうことになる。CMHT では担当の CPN（Community Phychiatric Nurse，地域精神科看護師）がつき，場合によっては精神科医による投薬や，臨床心理士による認知行動療法が提供される。CMHT で，さらに専門的な心理療法などの援助が必要かつ適切であると判断された場合には，そこから地域の成人のための精神保健サービスに紹介されることになる。

ルーシーの場合には，いったんは GP から CMHT に紹介されたが，その CMHT から GP に差し戻されていたということになる。さらに，GP で提供しているカウンセリングサービスの待機リストが膨大であったことから，地域外ではあるが，即座に短期介入の受けられる当クリニックのサービスが紹介された，という経過であったものと思われる。

いた SW は，ルーシーのそのような一面にはまったく気がつかなかったと，驚きを隠しませんでした。そして，ルーシーを CMHT のサービスで受け入れることを再検討してくれることになりました。私はまた，ルーシーがアートセラピーにも興味がある旨を伝え，何が彼女にとって最善の援助のパッケージとなるのかを，再度ルーシーと話し合ってくれるよう依頼しました。

　私は，これらのことを，ルーシーの 4 回目のセッションまでに済ませ，この状況についてルーシーに説明し，GP に再度 CMHT に紹介してくれることを依頼する旨の手紙を渡しました。彼女は今後，物を捨てられないことにまつわるより具体的な援助が受けられるということで，将来に少し希望を見いだしたようでした。

　さて，ルーシーは，4 回のセッションを通じて常に笑顔を絶やさず，こうして誰かに話ができることにどれほど感謝しているかということを，繰り返し語っていました。彼女はこのようにして，自分の鎧を守っていたのでしょう。私は，セッションが 4 回に限られているということもあり，彼女の不安について，この時点でそれ以上取り扱うことには，慎重を要すると感じていました。私は，こうした彼女のあり方に歩調を合わせながら，彼女が言うことに耳を傾け，侵襲的になり過ぎないように彼女の不安とともにいる，という姿勢を保ち続けたのです。

　最後のセッションで彼女は，私が自分の話すことをよく聞いてくれたと感謝し，こうして話を聞いてもらうということが，彼女を大いに助けたのだと話しました。私は，もし CMHT でサービスを受けられるまでの待機期間が長過ぎると感じたならば，その間のある種の"橋渡し"として，このサービスの枠内でさらに 4 回のセッションが提供できる旨を伝えました。彼女は，どこかに援助を求められる場所があるとわかっていることそのものが大きな安心になると，この申し出に感謝して去っていきました。

　さて，このサービスに相談に訪れる青年のなかには，自分の気持ちや不安について探索的に考える心理療法ではなく，ルーシーのように，具体的かつ即時的な解決に向かえるような助言を求めるクライアントが多いのも事実です。当初このような希望を持つクライエントを心理療法士が担当した場合，

多くは4回のセッションを通して，なかなか「自分自身や自分の気持ちについて語ることなどできない」と主張するにとどまります。そうした場合には，認知行動療法について説明したうえで，臨床心理士を紹介することになる場合があります。一方，そうした事例の担当者が，認知行動療法を専門とする臨床心理士であった場合，この4回のセッションの枠内でもかなり具体的な進歩を遂げることが可能な場合もあるでしょう。なかには，とりあえずこのような方法で急場をしのいだうえで，よりじっくりと自分の気持ちについて探索していきたいという希望から，心理療法士のところに紹介されてくる事例もあります。

　つまり，これら4回のセッションは，クライエントの抱える問題が，4回の枠組みのなかでとりあえずの解決をみることができるようなものなのか，あるいは，より専門的な心理療法を必要とするものなのか，必要であるならばどのような療法が適しているのか，といったことを見極めるアセスメントの機能を持つということです。

　それではもし，ルーシーがクリニックのサービスの対象区域内に居住していたならば，この相談はどのように進められたのでしょうか。ルーシーは来談時，すでに21歳になる成人でしたので，まずはクリニックの成人チームに紹介されることになったでしょう。そして，あらためて成人チームの臨床家のアセスメントを受けることになったでしょう。その際，このサービスでの4回のセッションを踏まえ，紹介状に，ルーシーの希望やアセスメントの結果を書き添えたでしょう。つまり，ルーシーはアートセラピーにも関心がありますが，とりあえずはものを片付けられないという喫緊の問題について認知行動療法によるアプローチを本人も求めており，現時点では，それが彼女にとっては適切であろうといった内容です。実際，私がルーシーのGPに宛てて書いた手紙も，このような趣旨のものでした。

　こうしたシステムは，日本でも応用が可能なのではないかと思われます。たとえば，ともかく相談件数が多く，常に担当者がパンク状態に近いといわれる教育センターのような外来システムでの相談受け付けや，中学校や高等学校のスクール・カウンセリングの現場での，インテークおよび事例の采配を考える場合などに，参考になるのではないでしょうか。

第2節　事例②——緊急介入：スージーの場合

　さて，ルーシーの事例では，他機関連携に時間とエネルギーを要したとはいえ，最終的には彼女の居住区域でのサービスにつなげることができました。また彼女の場合は，とにかく今，誰かに話を聞いてもらいたい，という切羽詰まった状況のなかで，「話をする場所（A Place to Talk）」というサービスにまさに"適切に"紹介されてきたといえます。

　しかし，これからご紹介するスージーの場合には，状況はかなり異なっていました。彼女は，両親に自殺をすると脅しをかけている22歳の女性でした。一人娘である彼女は，5年間にわたって自分の腕や足をカッターナイフで切り続けていたのですが，彼女の両親はこのことをまったく知りませんでした。このサービスにやってきたとき，彼女は，地方都市にある大学を2年で中退して，ロンドンの両親の元に戻ってきたばかりでした。両親は，自分たちのところに戻ってきたスージーが「あまりにも変わり果てていること」にショックを受けましたが，これはすべて自宅から遠く離れた大学に行き，しかもそこを中退してしまった挫折のためだと考えていました。

　ある夜，泣き叫びながら両親に向かって物を投げつけるといったパニック状態に陥ったスージーを，両親は地域の救急病院に運び込みました。その夜は，スージーはそこに入院することなく家に帰されたのですが，両親は，そこでCMHTを受診するようにとのアドバイスを受けたとのことでした。スージーと両親は，さっそく翌日CMHTを受診したのですが，その際には，次回の予約の連絡を受けるまで自宅で待機するようにと言われたとのことでした。次に両親がCMHTから受けた連絡は，とりあえずはこちらのサービスを受診してみるように，というアドバイスだったとのことでした。スージーも両親も，どういうわけか，このサービスのなかで精神科診断と薬物療法が受けられるものだと考えたようでした。こうした「誤解」，あるいは「ミス・コミュニケーション」が，どのようにして起きたのかはわかりません。しかし，こうしてクリニックにやってきたスージーとスージーの父親に，私は出会うことになったのです。

面接室に入るやいなや，彼らは，ここが自分たちの考えていたような場所ではないということに，即座に気がついたようでした。スージーの父親は，私たち専門家は次から次へと患者をたらい回しにするばかりで，誰もスージーのために"ちゃんとした"援助をしてはくれないと，悪態をつき始めました。私は彼の怒りや失望感に理解を示しつつも，父親とスージーが望むような精神科診断と薬物療法が受けられるよう CMHT と連絡を取る間，ここをスージーが話をできる場所として利用してみてはどうかということを伝えました。

ところが父親は，話をすることなど何の助けにもならないという強い信念を持っており，そうした自説を展開するばかりです。とはいえ，最終的には，これからの3回は，私の同僚である男性の臨床心理士がスージーと会いつつ，父親は私と話をするということに同意しました*3。

私は何度か CMHT と電話による話し合いを行いました。そこで，CMHT はスージーともう一度会うことを了承し，スージーには担当の CPN をつけてくれることになりました。この男性 CPN はスージーと家族を訪問しましたが，両親はこうした援助も一向に認めようとはしませんでした。父親は，話すことなど何の役にも立たないという強い気持ちを表明するばかりです。

一方，私との面接では，父親は何度も繰り返し，一人っ子であるスージーは子どもの頃から何一つ苦労などなく育ってきたはずであると強調します。欲しいものは何でも与えてきましたし，したいことは何でもさせてきたのだ，と。それゆえ，どうしてスージーがこんなに大変な問題，つまり自殺をすると脅しながらの自傷，両親に対して恫喝しながら暴力さえ振るうという問題を抱えるに至ったのか，皆目見当もつかないということなのです。

しかし，こうした父親の弁とは対照的に，スージーは担当の臨床心理士やCPN に，子どもの頃はいつも父親に叩かれていたというエピソードととも

---

*3 スージーは，明らかに英語を母語としない，いかにも東洋人風の私が相手では，話が通じないのではないかという不安をあらわにした。また，女性は苦手であるということから，チーム内で検討したうえで，このようなセッティングとなった。通常の相談においては，むろん，即座に担当者を交代するなどということはせず，こうしたクライエントの不安も含めて話を進めていくものであるが，このサービスの枠のなかでは，4回でできる限りの問題の整理と次への方向性を見いだすために，このような即時的な対応がなされることも稀ではない。

に，両親に自分の話を聞いてもらったことなど一度もない，ということを語っていたのです。彼女は，心の中に多くの怒りを抱えていたようですが，それはこれまで一度も表出されることなく，抑圧され続けてきていたようでした。私は，父親はもしかすると，スージーが話をするという形の援助を得ることで，自分の虐待的な行為が明るみに出ることを恐れて，話すことなど役には立たないとの強硬姿勢を保っていたのではないか，と考え始めていました。

　私はこの間に，スージーの母親とも何度か電話で話をしました。母親も父親と同様に，やはり話すことなど役には立たないし，スージーが穏やかになるよう投薬をしてほしいと訴えるばかりでした。同僚も私も，4回のセッションの終了後には，スージーがCMHTの援助を受けながらクリニックの成人チームで心理療法を受けることを勧めました。しかし，最終的には，スージー自身がクリニックの成人チームで心理療法を受けることを断ったため，当クリニックでの彼女との関わりは，このサービスにおける4回のセッションのみで終結となりました。その後もCMHTでは，スージーに対する精神科診断は下りませんでしたし，薬物療法も行われませんでした。そして，CPNが家庭訪問をするという形を継続しながらスージーの話を聞く，という援助が続けられることになりました。CPNは，スージーの場合には，薬物療法によりパニックや抑うつ気分を改善させるよりも，やはり心の中にある思いを言葉にして語るところからしか適切な診断も投薬も可能にはならない，と考えているとのことでした。

　さて，ここで私が果たした役割は，心理療法士のものというよりは，他機関連携に専心するSWに近いものだったと思われます。しかし，スージーと両親の思いを聞きながら地域の他機関と連携を図ることで，スージーがより適切で長期的な査定と治療の過程に入っていくことを可能にしたと思っています。

第3節　事例③── 短期介入から長期の心理療法へ：ヘレンの場合

　ヘレンは18歳のときに，抑うつ気分と腕や足をカッターナイフで切る自

傷，また義務教育終了後に通い始めた美容関連の職業訓練校を続ける自信がなくなったことを主訴に，本人が直接このサービスに来談してきました。そのとき，彼女の担当者として4回の面接を行ったのは，コンサルタント子ども・青年心理療法士（Consultant Child & Adolescent Psychotherapist）でした。

ヘレンは，友人もほかのクリニックで心理療法を受けており，自分も心理療法を受けることで抑うつ気分から抜け出し，自傷行為もやめられるのではないかと期待していた，ということです。担当した心理療法士は，4回のセッションの後，ヘレンはより集中的な心理療法を受けることが必要だと判断し，本人もそれに合意しました。そこで，週3回の集中的心理療法のために私に紹介されてきたのでした。

ヘレンは，思春期・青年期のクライエントのなかでも，先のルーシーに代表されるような具体的な助言を求めることが主であり，自分自身について，また自分の気持ちについて考えることが極めて困難で，またそれを望んでもいないといったタイプのクライエントとは対照的であったといえます。彼女は，自分の生育歴について振り返り，現在の自分の状態について考えてみたいという思いを抱いていたのです。

ただし，私のこのクリニックでの勤務契約の都合上，私とヘレンの心理療法は約1年半のみの期間に限られてしまうことがあらかじめわかっていました。そこで，ヘレン本人にもその旨を伝え，了解されたうえでの心理療法のスタートとなりました。

1. ヘレンの家族構成と生育歴，および現症歴

ヘレンは，兄（23歳，会社員）と姉（21歳，アルバイト）の3人兄妹の末子として，アイルランド系の両親の下にロンドンで生まれ，成長しました。

ヘレンが9歳の頃，両親は離婚して父親が家を出ましたが，その後すぐに母親には内縁関係の男性ができました。ヘレンは同居することになったこの男性を，実の父親のように慕って育ったということでした。しかし，この男性もまた，ヘレンが15歳の頃に，母親との関係がこじれて家を出たのです。

現在は，兄，姉ともに家から離れてそれぞれ独立して暮らしているため，ヘレンは母親との二人暮らしでした。母親はこの間，会計の助手という内職

をして，経済的に一家を支えてきました。

　ヘレンには軽度の知的障害があり，小学校での進路指導の結果，中等学校は特別支援学校に進み，彼女はそこで義務教育を終了しています。その後，ヘレンは美容関連の職業訓練校に通い始めるのですが，来談時点ではほとんど通学することができておらず，結局は退学することになりました。今回の主訴である抑うつ気分と自傷は，約2年前の義務教育の最終年であった15〜16歳頃から始まったということでした。きっかけは，当時の同級生にレイプされたことだと言います。

　当時のヘレンは，ソーシャルサービスより，軽度知的障害者のための手当，および不就労手当を定期的に受け取り，それを小遣いや預金に充てていました。月に1回程度，ソーシャルサービスの就労指導面接を受けており，その担当 SW より，このクリニックのサービスを紹介されて来談してきたのでした。

2. 集中的心理療法の構造

　サービスの担当者はヘレンの母親にもクリニックへの来談を勧め，いわゆる「母子並行面接」の形をとることを勧めていました。しかし，ヘレンの強い希望により，母親の来談はかなうことはありませんでした。ヘレンは，クリニックには自分の意思で，自分が一人で来談したのであり，この場を母親とは独立した彼女独自の存在の場としておきたい，という気持ちを強く持っていたのです。そのため，最後まで母親がクリニックを訪れることはありませんでした[*4]。

＊4　英国では，患者が16歳を超えている場合には，いかなる病気やけがの治療であっても，患者個人の意思が最優先されることになっている。一方，1985年に，ギリック（Gillick）という一般女性が，16歳以下の子どもに避妊薬を処方することを禁ずるよう裁判所に申し立てたところ，裁判所は，たとえ子どもが16歳以下であっても，その薬についての知識があるならば処方するべきであり，子どもがそのことを親に秘密にしておきたい場合には，それも認められるという判断を下した。そして，これは避妊薬に限らず，その他の医療行為や処方箋にも適用されるようになった。このように，子どもの判断力と選択の意思を認め，子どもにその能力があるとする考え方は，この女性の名から「ギリック能力」，あるいはその時の裁判長の名から「フレイザー（Frazer）能力」と呼ばれる。

3. 集中的心理療法の経過

　ヘレンの心理療法はまず，自らの生育歴を語ることから始まりました。
　ヘレンは，このサービスの4回のセッションの当初から語っていた，15歳のときに同級生の男の子からレイプされたという体験のほかに，実は幼少期に，実父からも性的虐待を受けていた[*5]のだということを明らかにしていきました。実父はその一連の出来事の後に母親と離婚し，家を出ています。ヘレンは，当時，父親と母親が頻繁に口論をしていた記憶があり，父親と自分との間の出来事が，父親が家を出たことと何らかの関係があったのではないかということが，常に気がかりであったと言います。そして，そのことで自分自身を責めたり，あれはいったい何だったのかという混乱に陥ったりしていたのだということです。ただ，このことについては，母親にも兄姉にもいっさい話をしたことはありませんでした。最近になって友人に初めてこのことを打ち明けると，「それはお父さんがおかしいよ！　心理療法士にも話してごらん。絶対にお父さんがおかしいと言ってくれるよ！」と言われたということでした。
　その父親は，ヘレンが15歳の頃，下校途中の彼女の前に突然姿を現し，「現在は再婚して遠くの離れた町に住んでいる」と告げたのです。そのとき父親は，ヘレンとしばらく一緒に歩いて彼女を自宅まで送り届けた後，再び姿を消したということでした。このときに父親に会ったのは，ヘレンが知るかぎり，家族のなかでもヘレン一人だけであり，ヘレンはこのこともまた，家族の誰にも話すことはできなかったと言います。
　当時，ヘレンの母親には内縁関係の男性がおり，ヘレンもこの男性を父親のように慕っていました。しかし，ちょうどその頃，この男性と母親との関係がうまくいかなくなっていたのでしょう。父親の突然の訪問と重なるようにして，この男性は家を出て行ってしまったのです。
　ヘレンには，父親の突然の出現と母親の内縁関係の男性の出奔や，それらと自分と父親との間にあった出来事が関連するのか等々，これらの事の次第

[*5]　ヘレンのベットの中に父親が入ってきて身体を触られることが数回あったとのことですが，ヘレンからはこれ以上の詳細は語られていません。

がうまく飲み込めず，混乱のきわみに陥ったとのことでした。そして，現在の抑うつ気分や怒りが顕著に表れ始めたのは，ちょうどこの頃からだということでした。この頃から彼女は，いわれのない怒りに襲われると，ときに家を出ては路上で過ごすということを繰り返すようになりました。同級生からレイプを受けたのも，この頃のことであったそうです。

このレイプに関して，彼女が語った状況は次のようなものでした。

ある日の放課後，ヘレンはいつものように，仲の良かった同級生の男の子と下校していました。途中，彼から自宅に寄っていかないかと誘われるままについていきました。そのとき彼の自宅には誰もおらず，ヘレンは彼と二人きりで，彼の自室でおしゃべりをしたり，おやつを食べたりしながら，楽しく過ごします。ところが，突然，彼がヘレンに襲いかかってきたのです。彼女は抵抗しようとすればできたはずなのですが，「いったい何が起こっているのかわからない」ままに，いっさいの抵抗をすることもなく，彼を受け入れたということでした。つまり，彼女はこのときの出来事を「レイプ」と言っていますが，実際には彼女は抵抗もせず，むしろ同意のうえでの行為であったと受け取られても，致し方のない状況だったようなのです。

しかしその後，幼少期に父親から受けた行為がフラッシュバックして，ヘレンはパニックに陥るのです。帰宅後彼女は，父親との出来事にはいっさい触れないまま，この彼との一件のみを母親に訴えます。双方の家庭と学校の間で話し合いが持たれ，その後，彼女は彼との関わりをいっさい絶つことになったということでした。

さて，この一件の後，ヘレンは好きな男の子ができても，どのように関係を進めていけばよいのかがわからないのだと言います。身体的な距離が近づくことに言いようのない嫌悪感，あるいは恐怖感があり，相手を激しく拒絶してしまうのです。たとえボーイフレンドができたとしても，次への一歩が踏み出せず，そのうちに関係がうまくいかなくなることの繰り返しであると言います。そして，自分には年齢相応にボーイフレンドを作って，ほかの友達と同じようにカップルとしてその関係を楽しむことができないのだと，コンプレックスを抱くようになっていました。

ヘレンは，心理療法における私との関係同様に，外でも他者とは少しずつ

距離を縮めながら関係を深めていくことを望んでおり，性急に性的関係を求めてくるような同年齢の男の子たちとは，うまくやっていけないという感覚を抱いていたのです。そして，相手にそのような自分の気持ちを説明することよりも，相手が身体的に接近してくるやいなや，即座に「うるさい！あっちにいって！」と追い払ってしまうことで，何とか自分自身の心の安定を保っていたようでした。

　ヘレンは，こうした自身の生育歴を振り返るなかで，今の自分にはとても学校に戻って学業を再開できる自信がないとの決断を下し，職業訓練校を退学します。そして，その後の約数カ月間は，週に3回の心理療法に通うことと，自宅で飼っている愛犬の散歩，そしてときに友人と夜遊びに出かけるという以外は，基本的に自宅に引きこもる生活をするようになります。

　心理療法では，自分がいかに父親，そして母親に対する怒りを抱えているのか，しかし，結局自分は彼ら（現在は母親のみですが）に依存せねばならない立場にあり，そこのところが歯がゆいのだと語り始めました。これは，はじめから1年半という期間を区切っての心理療法しか提供しない私との関係においても同様なのではないかと考えられ，私はそのことについての解釈を繰り返し試みました。しかし，ヘレンが私に対するそうした怒りの感情について語り，それと向き合うことができるようになったのは，私がいよいよクリニックを去り，心理療法を終了せねばならない時期が目の前に迫ってきてからのことでした。

　またヘレンは，小学生の頃より勉学に自信がなく，当時は吃音もあったと言います。そのことについて，どうして周りの皆がすんなりと理解して取り組めることが自分にはできないのだろうと自問しては，出ない答えに苛立ち，たくさんの失敗の経験を重ねてきたということが語られました。常に自分だけが周囲から取り残されて，置いていかれるような感覚を抱いていたと言います。このことは，父親が彼女を置いて家を出て行ってしまったこととも関連する，彼女の感覚であったと思われました。同時に，彼女を置いて去っていくことが初めからわかっていたこの心理療法と，私に対する感覚でもあったのだろうと思われます。

　心理療法でこのような話を繰り返すうち，ヘレンは19歳の誕生日を迎え

ました。彼女はこれを機に，路上犬のための救護施設でのボランティアに挑戦することを決心します。また，夏に向けて肌を露出した洋服を着たいという気持ちから，自傷行為を抑えていくようになりました。彼女は，カレンダーに「カッターを手にしなかった日」という印をつけ始め，「もう1週間もやっていない」「2週間もやっていない」と報告するのでした。そして，ある日，ヘレンにこの数カ月間にわたり好意を寄せていた男の子に，自分は関係をもう少しゆっくりと進めていきたいこと，過去にいろいろなことがあったために他者との身体接触には非常に抵抗があるのだということを話し，相手の男の子もこれに一定の理解を示したようでした。彼女は，相手に対してこれだけの話ができたことに安堵し，またそのことで多少の自信を持てたようでした。

　そのようななか，心理療法の終結を迎えねばならない時期が近づいてきました。心理療法の開始当初より，この心理療法は1年半しか続けられないということは了解されていたはずでした。セッションの中でも折りにふれてこのことについては取り上げてきてはいたのですが，こうして話がより具体的になってくると，彼女は，そのようなことはいっさい「忘れていた」と言います。また，今後は別の心理療法士と心理療法を続けていく可能性もあるという提案については，いっさい拒否しました。自分は，新たな人と関係を作っていくことが非常に苦手であり，これまで私と話してきたことや考えてきたことを，また最初から新たな心理療法士を相手に始めていくなどということは，とうてい考えられないと言います。

　このような形で心理療法を中断してしまう私に対する怒りは，再び自傷を始めたこと，および頻繁なセッションのキャンセル，そして抑うつ気分が戻ってきたこと，つまり，この1年半の心理療法など何の価値もなかったのだし，役にも立たなかったのだと訴えることで表現されました。結局は私も，自分の父親や母親と内縁関係にあった男性と一緒で，自分の元を去っていくのだと，ヘレンは内心は爆発しているであろう怒りを，抑えた調子で語っていきました。心理療法では，自傷も抑うつ気分も魔法のように癒やされることを期待していたのに，結局は何の役にも立たなかったではないか，と。

こうして怒りを表現し尽くしたヘレンは，夏休み以降，私との別れに直面することはとても自分にはできないと，セッションにやってくる代わりに手紙を書いたり，セッションがあるはずの時間に電話をかけてきては少し話をしたりする，ということが続きました。そして，セッションにやってきたときには，自分は何とかうまくやれているし，私が去った後はしばらくは心理療法なしでやってみようと思うこと，ただどうしてもまた助けが必要だと感じたときには，クリニックに戻ってきて別の心理療法士と心理療法を再開するつもりだといった話を，繰り返しました。
　また，最後のセッションで，私の顔を見て「さようなら」を言うことにはどうしても耐えられないと言っていた彼女でしたが，何とか最終回にはセッションに訪れ，互いに顔を見て「さようなら」を言い合うことができたのでした。

　ヘレンの場合には，このサービスに訪れた当初より，先のルーシーやスージーとは異なり，自分の思いのたけを語り，自分のそれまでの人生について振り返りたいというニーズが明確にありました。このような事例の場合には，当然4回のセッションは十分なものではなく，これらのセッションはむしろその後の長期にわたる心理療法の足掛かりであり，入り口となるものとして位置づけられるでしょう。
　このように，個々のニーズとそれぞれが求めていること，そしてこちらが専門家として提供できるもの，それらのバランスのなかで，私たちは常にベストを尽くしていくことが求められているのだといえるでしょう。

● **コラム⑦**

リービング・ケア

　リービング・ケアとは，公的保護下（里親家庭や施設等の措置を受けている子ども）にある子どもたちが，18歳を過ぎてその公的保護を離れる際の独立を援助しようとする取り組みのことです。

　過去に公的保護下にあった子どもたちは，社会のなかでも，最も弱い立場にある人々の一群であるといえるのではないでしょうか。これは，英国において，近年，特にクローズアップされてきている問題です。つまり，公的保護を離れる年齢となる18歳を過ぎてからの行き先がない子どもたちの，"その後"というものが問題になっているのです。もちろん，そうした子どもたちのなかにも，しっかりと成長力（resilience）を蓄え，成功している人々が多くいるのも事実ですが，一方で，不就労，ホームレス，そして精神保健上の問題を抱えるに至るなど，望ましくない状況で苦しむ人々の数があまりにも多いと言わざるを得ないのも，また事実です。

　たとえば，若干古い数字になりますが，2003年に英国で行われた「イングランド地域当局の公的保護下にある子どもの精神的健康」という，公的保護下にある子どもと一般家庭に暮らす子どもの精神的健康について比較した統計調査をみてみましょう。

　不安，恐怖症，パニック発作，外傷後ストレス，強迫観念，衝動性，抑うつなどの情緒障害は，英国の小学生年齢にあたる5〜10歳の一般家庭の子どもでは3％に見られるのに対し，公的保護下にある子どもでは，11％に見られるとされています。また，中学生年齢にあたる11〜15歳では，それぞれ一般家庭の子どもでは6％，公的保護下にある子どもでは12％と，およそ2倍の数字になっています。

　一方，攻撃的・破壊的行動，いじめ，盗み，動物虐待などといった行動障害に関しては，5〜10歳の一般家庭の子どもでは5％に見られるのに対し，公的保護下にある子どもでは実に36％に見られるという結果が出ています。これが11〜15歳になると，一般家庭の子どもでは6％であるのに対し，公的保護下にある子どもでは40％となっています。

　これらの数字からも，いかに公的保護下にある子どもたちが心理的な困難を抱えているのかということの一端がうかがえるのではないでしょうか。

　次に，教育面の達成度に関してですが，こちらも公的保護下にある子どもの進学率が非常に低いという現状があります。英国の場合，子どもが満16

コラム⑦続き

歳になる年に義務教育が終了しますが，その際，子どもたちは全国統一の義務教育終了試験（Oレベル）を受け，一般には6教科の合格を目指します。そして，この結果は，生涯その人の履歴書についてまわることになります。

2005年の教育省の資料によりますと，ここで6教科の合格を果たしたのは，公的保護下にある子どもの11%のみであったというのが実情のようです。英国人全体で6教科の合格を果たした子どもが56%であるということですから，一般人口と比べても，これはかなり低い数字であるということになります。とはいえ，2000年にはこの数字はわずか7%であったということですので，こうした合格者の割合は確実に上昇してきているということにはなるようです。

ここには，学業面での達成度が，子どものその後の人生における様々な局面に大きく影響するという，行政側の認識が作用しているといえるでしょう。こうした認識もリービング・ケアの推進をすすめるにあたって少なからず考慮されてきたことはいうまでもありません。

さて，この義務教育終了試験を受けて6教科の合格ができた子どもは，大学に進学を希望する場合には，そのためのカレッジに通って，2年間で3教科の大学入学資格試験（Aレベル）に合格することを目指します。そしてその後，大学に進学することになります。また，大学進学以外の選択肢としては，職業訓練校などの専門学校への進学もあります。義務教育終了後にこうしたカレッジや専門学校に進むのは，公的保護下にある子どもたちの9%であり，この数字は一般人口の1/3だということです。

英国では，こうした子どもたちに関わる専門家が，子どもたちが公的保護に入る前（pre-care），公的保護にいる間（in-care），そして公的保護を離れた後（post-care）の，情緒的・心理的体験と成長，そしてそのニーズについて考える必要があると，強く主張するようになってきています。ここには当然，16〜21歳という思春期から成人期にかけての発達段階についての理解が必要であることは，言うまでもありません。

そうしたなかで，行政は，信頼できないアタッチメントとともに成長してきた子どもの発達の軌道には，より長い時間枠と，彼らの養育に関わる大人のより多くの忍耐や希望の蓄えを必要とする，つまりこうした子どもたちは，10代で取り扱うには難しすぎる課題を抱えている，という理解を持ち始めています。こうした子どもたちは，過去の虐待という経験から立ち直らなければならないばかりか，社会で，大人として認められる準備期間にある個人として機能しながら，個となり，独立する方法を見いだしていかな

コラム⑦続き

ければならないのです。それも、崩壊したアタッチメントと、自分を見放した大人に対する不信や怒りという重荷を抱えながら……です。

　公的保護にある子どもの援助は、18歳で終了することはできず、20代になっても彼らに援助を継続する枠組みを提供する必要があるというリービング・ケアの推進の背景には、こうした行政側の認識があるといえます。こうした考え方の下、現在、具体的に行われている支援には次のようなものが挙げられます。

① 公的保護システムから自立して行く際に、さまざまな社会資源に関する情報を提供すること。
② 里帰りのイベントを行い、彼らが社会的に孤立するのではなく、つながりを感じ、実際につながりを持てるようにすること。
③ 希望に応じて、記録の開示を行うこと。
④ 就労支援。

　これらのサービスは、むろん、一般家庭で育った子どもたちの不就学・不就労問題（Not in Education, Employment or Training：NEET）という、英国の現在の社会問題ともいえる現象に対する対応とも、呼応したものであるといえましょう[*1]。

[*1] 教育省の管轄下で、13〜19歳までの青少年に対しては、その社会的自立を支援するConnexionsというサービスが、各地域に設けられている。

第Ⅲ部

心的外傷後ストレス障害と精神分析的心理療法
―― レフュジー・セラピー・センターでの体験から

第Ⅲ部では，レフュジー・セラピー・センター（Refugee Therapy Centre）[*1]での，子ども・青年心理療法士（Child & Adolescent Psychotherapist）としての私の仕事の経験をもとに，まず第7章では，センターでは実際にどのような取り組みが行われていたのかといった具体例を提示します。そして，本書の最後にあたる第8章では，センターでの仕事を少しでも多くの関連専門職の方々に知っていただくことを目的に，センターが編纂した論集 *Resilience, Suffering and Creativity*—*The Work of the Refugee Therapy Centre* の第2巻のために書き下ろしたまま未公刊になっている論文を訳出し，若干の加筆・修正を加えたものを掲載します。

　日本では，まだまだ難民の人々に対する心理療法という分野は，広く知られてはいない領域だと思いますが，実際には，児童養護施設やスクールカウンセリングの現場でも，さまざまな事情から母国を去って日本にやってきた子どもたちや，その家族の事例が聞かれるようになってきているのではないかと思われます。グローバル化が進んでいるといわれる昨今，ここでご紹介する民族的マイノリティというテーマは，私たち日本の臨床心理士にとっても決して対岸の火事では済まされない事態が，もう目の前まで来ているといえるのではないでしょうか。

　さて，一般に「トラウマ」という言葉で知られている心的外傷ですが，これは元々はギリシャ語で"貫通する"という意味です。つまり，何か大変な出来事が自らの心を貫くように侵入してくる，そういった文脈でとらえられるのではないでしょうか。私は『仏教心理学キーワード事典』[*2]における「トラウマ」の項目を執筆するにあたり，その精神分析的アプローチについて以下のようにまとめました。ここでその一部を抜粋します。

　　「心的外傷」とは，人が生命や身体に重大な危害を被ったり，その脅
　　威を深刻に体験したりすること，あるいは，他人の生命や身体に重大な
　　危害や脅威が及ぶのを目撃するなどして深刻に体験することである。そ

[*1] ボランティア・セクターであるが，成人の場合には公的医療機関と同様に，センターに来談することができる居住区域が定められている。未成年の子どもの場合には，この限りではない。
[*2] 井上ウィマラ・葛西賢太・加藤博己編（2012）．仏教心理学キーワード事典　春秋社．

して，そのような体験により，心身に特有な反応——再体験症状，回避症状，過覚醒症状など——を生じ，日常生活に支障をきたすような状態に陥ることを心的外傷後ストレス障害（Post Traumatic Stress Disorder: PTSD）と呼び，これにはそのような症状に焦点を当てた薬物療法，および EMDR や系統的脱感作を含む対症療法が行われることが多い。

一方，精神分析的心理療法においては，"トラウマを被ったその人"に注目し，症状に焦点づけた治療は行わないのが一般的である。トラウマによるインパクトを，個々人の経験における意味から理解しようとするのである。つまり，トラウマは，幼児期以来の未解決の苦痛と葛藤を掻き立てるものであり，幼児期の体験および個人の生育歴が，トラウマの意味をその個人がどのように構成するのかに影響するといった，トラウマに先行する内的布置を重視した治療となる。外傷的な出来事は，忘れたり消し去られたりするものではなく，その意味を見いだされ，個人の意識生活の一部に統合されるべきものなのである。

もし，その個人がトラウマの体験を封印してしまったならば，それは一見治癒したように見えたとしても，その個人の無意識深くに残り，意識的には自覚されないままにその人自身のこころのあり方をゆがめてしまったり，次世代に伝達されてしまったりすると考えるからである。これは，近年注目されている，子ども虐待の世代間伝達に関しても言えることであろう。自らが子どもの頃に受けた虐待の体験について，怒り，悲しみを抱きながらもそれを表現し，その体験の詳細について語ることができる親は，その体験を否認，あるいは"忘れてしまっている"親と比較してわが子に虐待をすることが少ないのである（鵜飼，2000）。

また，トラウマは，個人がそれまでに抱いていた基本的信頼を揺るがせるという意味で「喪失」を伴う体験でもあり，ここには喪の作業（mourning work）が必要となる。つまり，喪の作業の行き詰まりは，外傷体験に対する恨みや固執，またその倒錯的な使用，すなわちその個人の成長の行き詰まりを意味することになるからである。このように，精神分析的心理療法においては，"トラウマへの治療"ではなく，個人に

対する治療と個人の人としての成長を支えるアプローチを取るのである。

フロイトに始まる精神分析の理論と実践においては，対象喪失と喪の作業（Freud, 1917）は，まさに常に重要な位置を占める概念の一つであり続けてきたといえるでしょう。

さて，こうした治療的アプローチに関する最近の調査・研究の一つに，次のようなものがあります。たとえば，PTSDと診断された思春期の子どもの治療に，PTSD症状に有効であるとされている持続性暴露療法（prolonged exposure treatments）に対する統制群として，精神分析的心理療法が採用されました（Gilboa-Schechtman et al., 2010）。これは当然ながら，こうした心理力動的なアプローチに対して，親和的ではない研究者のグループによって行われたものです。ところがその結果は，いずれの療法もPTSDに対する有効性を認めるものとなったのです。これは，精神分析的心理療法士にとっては非常に興味深い結果であるといえるでしょう。

さて，エマニュエル（Emanuel, 2011）[*3]は，外傷体験はしばしば，内的世界と外的世界を融合させ現実感覚を保つのを，通常の分離固体化の過程に比べてはるかに困難にさせるといいます。彼は，ビオン（Bion, 1962）の「名づけようのない恐怖（nameless dread）」の概念を用いて，心理療法は，喪失体験を持つ子どもの最も耐えがたい不安を受け止め，それを名づけていくことで，喪失した対象を内的世界に再び位置づけられるような第三のスペースを提供するのを助けることができると考えます。

以下に提示しますレフュジー・セラピー・センターにおける取り組みも，こうした視点からあらためて見直すことができるのではないかと考えています。

---

*3 Emanuel, R.による，The Tavistock Under 5's Spring Short Course（2011年3月）における発表論文より。

第7章 レフュジー・セラピー・センターにおける取り組みの実際

　本章では，大変なトラウマを背負っていたり，家族や友人，言葉や文化などの喪失体験を持つ人たちに対する心理療法を考える際，精神分析的技法の枠からあえて逸脱する必要も出てくる，レフュジー・セラピー・センター（以下，センター）での取り組みの特徴，つまり，精神分析的心理療法の応用が求められる状況について検討します。

　そこでは，定期的に心理療法に通うことが文化として浸透していなかったり，心理的問題に対し，日本や英国以上にスティグマの色合いが濃く，抵抗がある人々との出会いといった，文化的違いが前面に出てくることもあります。また，難民・移民の第2，第3世代にあたる子どもたちは，ロンドン子として育ち，英語にも不自由しません。しかし，彼らの親や祖父母の世代が自国の文化や価値観を大切に保ったままであり，かつ英語も話せないままであるような場合には，一般的な思春期の子どもたちと親との間に起こるより，いっそう複雑な家庭内での葛藤が起こってきます。

　本章では，多民族都市ロンドンならではのこうしたテーマについても，触れたいと思います。

第1節　センターの構造

1．センターに勤務する人々

　センターには，私のような子ども・青年心理療法士のほか，成人心理療法士やそれぞれの臨床訓練生が勤務しています。また，サポートワーカー

(support worker) と呼ばれる, ソーシャルワークや法的・福祉的手続きの援助を専門的に行う人たちや, メンター (mentor) と呼ばれる, 学習の援助を専門的に行う大学生のボランティアも活躍しています。

このサポートワーカーには, 元々難民として英国に渡ってきた後に, 対人援助やソーシャルワークの基本的なコースを受講して, センターのサポートワーカーとして勤務するようになった人たちも少なくありません。そして, このような人たちは, 自身の母国から新たに英国にやってきて, センターに関わるようになった難民・移民の人々の通訳という役割を果たすこともあります。新たに英国にやって来た難民にとっては, 彼らが新たな生活における一つの"モデル"を提示することになるといえるかもしれません。

心理療法士は, 2週間に1回, センター内で行われる4～5人のメンバーからなるグループ・スーパーヴィジョン, および個人スーパーヴィジョンを受けることが義務づけられています。グループ・スーパーヴィジョンのスーパーヴァイザーは, 成人と子どもの心理療法士の両方の資格を持つ, センターの臨床科長です。一方, 個人スーパーヴィジョンのスーパーヴァイザーは, センターが契約しているセンター外の心理療法士から受けることになっています。この個人スーパーヴィジョンの頻度は特に決められておらず, それぞれの心理療法士とスーパーヴァイザーとの話し合いで決められることになっています。

2. 相談の流れ

センターはその名が示すとおり,「心理療法」を行う専門的な機関です。センターへは, 主に地域のソーシャルサービスや, GP (一般診療科医), または学校などによって, 心理療法を受けるのが望ましいと考えられたクライエントが紹介されてきます。そうした機関から電話や書面でクライエントの紹介を受けた後, センターでは心理療法士が本人に対するインテーク面接を行います。

ここで, そのクライエントに心理療法が適しているかどうかのアセスメントを, 開始することになります。アセスメントを行う回数は特に指定はされていませんが, 通常の精神分析的心理療法にのっとり, 3～4回程度の面接

を行う場合が大半です。その際，心理療法の適否のほか，生活面での現実的な援助の必要性（サポートワーク〈support work〉）や，クライエントが学校などに通っている場合には，その学習面の援助（メンタリング〈mentoring〉）が必要であるかどうかといったことも検討します。

こうして，それぞれのサービスが開始されることになります。もちろん，いずれか一つのサービスのみを受けるクライエントもいれば，これら三種すべてのサービスを受けるクライエントもいます。ここでのサービスはNHS（National Health Service）のそれと同様に，すべて無料で提供されます。

さて，センターでの心理療法の特質の一つとして挙げられるのは，成人のクライエントに対しては「10回」の心理療法を提示すること，未成年で就学しているクライエントに対しては，学校の学期など見通しのつきやすい区切りを提示して"その時まで"の心理療法を提示するという点です。つまり，はじめから最終回を設定しているのです。これは，通常はオープンエンド（終了の時期を定めない）で行われる精神分析的心理療法からみると，かなり様相の異なるものだといえるでしょう。

この考え方の背景には，センターのクライエントの多くが，母国に関するいっさい（言葉，文化，習慣，家族や友人といったつながり）を，一度に失うという体験をしてきていることが挙げられます。つまり，このような喪失体験を持ち，そのことについて対峙していかねばならない人々にとって，センターで心理療法士という新たな対象と新たな関係を結んでいくことには多大なエネルギーを要しますし，またそのことに対する抵抗も，こうした体験を持たないクライエントに比べると相当なものだと考えられます。

しかし，終結をあらかじめ提示したうえで心理療法を開始することで，こうしたクライエントがそれほど恐怖や不安，または無意識の抵抗を感じることなく心理療法というプロセスに入っていくことができ，心理療法士との関係を作っていく糸口をつかむ，すなわち，新たな対象の獲得とその内在化の促進が行われやすくなると考えるのです。つまり，**心理療法がオープンエンドであることをはじめから示唆しない**という技法上の工夫が，ここにはあるのです。

ただし，あらかじめ終結の見通しを持って心理療法を始めるとはいえ，決

```
        インテーク
            ↓
        アセスメント
      ↙      ↓      ↘
  心理療法  サポートワーク  メンタリング
      ↓
・10セッションごとに，プログレス・レポートを提出。
・クライエントに，フィードバック・フォームを記入してもらう。
```

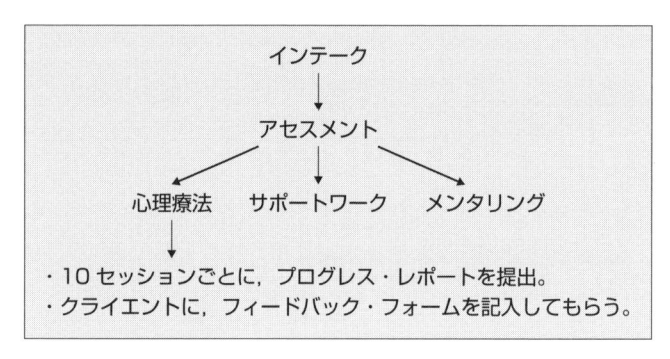

図7-1　相談の流れ図

められた回数が終わる頃にもう少し継続してみたいという意向があれば，いくらでも継続できる旨は，はじめにクライエントに伝えられます。そして，何度かこのような回数限定の心理療法を繰り返すうちに，心理療法士が大丈夫だと感じられるようになった際には，オープンエンドでの心理療法を提案することになります。もちろん，オープンエンドの心理療法に入れるようになる時期は，クライエントによってさまざまです。

　また，心理療法士には，10回ごとに心理療法のプログレス・レポートの提出が義務づけられており，同時にクライエントも，心理療法の体験に関するフィードバック・フォームを記入します。こうしたフォームのやり取りも，クライエントにとっては，具体的で目に見える，心理療法士やセンターとの関係の証左となっていくのです。

　以上の流れをまとめると，図7-1のとおりになります。

　このように，センターでは，個人に対する援助を主体に行っているのですが，ほかにも，成人女性に限ったグループ・セラピーも行っています。また，センターに勤務する心理療法士を講師として，難民・移民に対する心理的援助を提供するための基礎コースも開設されています。

第2節　子ども・青年心理療法士が出会う主なクライエント群とよくある主訴

　ここまでは，センター全体の構造についてみてきましたが，ここからは子ども・青年心理療法士として私が出会ってきたクライエントについて，お話したいと思います。

1．クライエント
　センターに訪れる主なクライエントのうち，子ども・青年心理療法士が出会うのは，「付添人のいない未成年難民（unaccompanied minors）」と呼ばれる，単身で英国に渡ってきた18歳以下の子どもたちと，家族揃って英国にやって来た子どもたちです。ほかにも，親や祖父母の世代が難民や移民として英国に渡ってきた後，英国で生を受けた「英国人（British）」の子どもたちと出会うこともあります。

2．主訴
　上記のクライエント群のうち，前者の子どもたちに圧倒的に多い主訴は，外傷体験のフラッシュバックや，悪夢を伴う不眠，集中力の欠如，また頭痛や疼痛などの身体症状です。こうした子どもたちの大多数は，英国で何らかの教育を受けることになるのですが，学習に集中できなかったり，すぐに物をなくしてしまったり，忘れてしまったりするといったことも多々あります。大切なものをなくしてしまってもう二度と見つけられない，母国のすべてから忘れ去られてしまったのではないかという不安，あるいは自分が母国のことを忘れてしまうのではないかという不安……。そうした彼らの心情が，このような形で表現されているようにも感じられます。こうした状況にある子どもを心配した学校の教師が，彼らをセンターに紹介してくるということも少なくありません。
　このようにして私たちはクライエントに出会い，必要に応じて心理療法を提供するのですが，ここではいっさいの行動療法的アプローチや薬物療法が

否定されているわけではありません。たとえば，狭くて暗い牢獄にいたという 16 歳の少女は，「夜，暗い寝室に横たわると，その頃の記憶がフラッシュバックしてきて眠れない」と，辛い体験やそれにまつわる記憶と，現在の暗闇が怖くて眠れないという症状を，はっきりと関連づけて考え，訴えていました。

彼女の場合には，ソーシャルワーカー（以下 SW）の提案で，明かりの強度を少しずつ調整できる室内ランプをベッドサイドに置くといった工夫や，睡眠導入剤の助けを借りながら少しずつ眠れるようになっていったのですが，実際に眠れるようになることが，「考える」という私たちが行う心理療法の一助になったことは，言うまでもありません。つまり，行動療法的アプローチや薬物療法をいっさい否定するのではなく，こうした現実的なサポートを行いながらも，ただ（この場合は不眠という）症状がなくなることで万事が解決したという考え方はしない，ということなのです。

さて，彼らとの心理療法が進んでいくと，必ずといってよいほど現れてくるテーマが二つあります。

一つは，サバイバーズ・ギルト（survivor's guilt）と呼ばれる，生き残った者としての罪悪感です。英国にやって来たことで，彼らの生きるうえでのチャンスや可能性が格段に広がったことは事実でしょう。しかし，母国内や渡航途上で亡くなってしまったり，行方不明になってしまったりした家族や友人，あるいは母国に残って今なお生きていることがわかっている家族や友人の人生はどうなるのか，自分だけがここで**のうのう**と暮らしていてもよいものなのか……これはもしかすると，彼らが生涯にわたって対峙していかなければならないテーマなのかもしれません。

そしてもう一つのテーマは，彼らが一様に言う「自分の国以外ならどこの国でもよかった」との思い，つまり自国さえ脱出すれば必ずより良い新しい生活が待っているはずだという期待です。ところが，この新しい国が決してユートピアではないという厳しい現実に気づくには，さほどの時間を要しません。一方ではサバイバーズ・ギルトを抱えながら，もう一方では新しい国で向き合わざるを得ない厳しい現実を生きながらえるという，何とも矛盾した生を，彼らは生きていくことになるのです。

次に、後者の英国で生を受けた「英国人」の子どもたちに関しては、いわゆる「第2世代の苦悩」といったテーマが挙げられます。こうした子どもたちは、幼い頃は母国の小さなコミュニティーのなかで、その言語と価値観に守られて暮らしている場合も少なくありません。しかし、彼らの多くは満5歳になる年齢で就学すると、英国人としての教育を受け、英国人に囲まれて生活するようになります。そうなると、彼らは当然英語を身につけますし、英国人としての価値観を取り入れていくようになります。そのようななかで、親と学校との間の"通訳"として機能しなければならない子どもたちもいます。これが、以前のようには親のことを尊敬できなくなったり、親の提示する価値観に疑問を抱き始めたりするきっかけになることもあるようです。

たとえば、実際、私が出会った当時、小学校3年生であった少女も、毎回のように次の予約についてなど、母親と私との会話に"通訳"として橋渡しをせねばならない状態でした。その様子は、あたかも彼女が小さな母親になってしまったかのようでした。まるでどちらがおとなのかわからない状態です。彼女は、学校との連絡事項に関してもいつもこの調子なのだ、とまるで家から一歩外に出ると自分が母親の"保護者"にでもなったかのように振る舞っているようなのでした。

そして彼らが思春期に入ると、家族の持つ伝統的で、多くの場合は禁欲的な価値観との摩擦が、より明確になっていくこともめずらしくありません。そうしたなかで、極端に悲劇的な場合には、親が子どもを殺してしまうという事態にまで発展するような事例もあります[*1]。親との折り合いをつけるという作業は、彼らにとってまさに困難をきわめる思春期の課題のひとつであるといえるのです。

第3節　心理療法の実際

それでは、こうしたクライエントとの心理療法は、一体どのようなもの

[*1] たとえば、2000年代の半ばのロンドンで、親の言いつけにそむいてボーイフレンドと外出した10代の娘のことを"恥じた"父親が、その娘を殺めてしまったという事件は、人々に深い衝撃をもたらした。

だったのでしょうか。

1. 文化人類学的な視点

先にも少し触れましたが，ここには文化人類学的な視点とでもいうべきものが欠かせません。

たとえば，心理療法やカウンセリングというものが，文化のなかに存在しない人たちも多くいます。そのようなときには，「悩みがあるとき，困ったことがあったときは，どこに（誰に）相談に行きますか？」といった問いを投げかけてみることが役に立ちます。つまり，こちら側の知識や常識を単に相手に押し付けるのではなく，そのクライエントが自身の体験と関連づけて考えられるような例を探る，まさに患者から学ぼうとする姿勢が，ここでは特に大切になります。そうすることで，個々のクライエントに，心理療法というものに対するイメージが少しでも身近に感じられるようになってもらうことが必要なのです。

これは，心理的問題を持つということに対し，日本や英国以上にスティグマの色合いが濃く，抵抗がある人たちに対しても同様です。心理療法とは，特別に忌み嫌われるような問題を抱える人のためのものではなく，自分の気持ちや体験について話したり考えたりする場所なのだ，という説明と理解が大切なのです。

とはいえ，これは友人や家族に対する"悩みごと相談"ではありませんので，やはり，時間どおりに来談してもらうといった枠組みに乗ってもらわないことには，話が前に進みません。しかし，予約時間に来談するということや，どこかに定期的に通うということ自体が文化として浸透していない人たちもいます。

ある17歳のクライエントは，予約時間から3～4時間も遅れて，「今日，心理療法の約束をしていました」と笑顔でセンターにやってきました。こうした場合は門前払いをしても，このクライエントは，いったいどうして約束していたはずのこの日に面接が受けられなかったのかという理解はできないでしょう。だからといって，そのまま何事もなかったかのように心理療法のセッションを行うわけにもいきません。それではこのクライエントは，いつ

までたっても時間を守るということの必要性を理解できないでしょうから……。このときの私の対応は，ほんの5分ほどですが待合室の空間を利用して，約束はしていたけれども，それは日付だけではなくて時間も守ってくれることが大切なのだということを説明しました。彼女にとっては，ほんの3〜4時間の遅れなど，許されてしかるべきものであったのかもしれませんが……。しかし，それ以降，彼女は時間に遅れることなく来談するというリズムをつかめるようになっていったのです。

2. 過去の出来事の取り扱い

さて先に，心理療法においては，はじめからオープンエンドであることを示唆しないほうがよいといった技法上の工夫について触れましたが，更なる技法上の応用としては，**過去の出来事に焦点を当てすぎないほうがよい場合がある**ということが挙げられます。

むろんこれは，悲惨な体験を，まるで吐き出すかのように語る必要があるクライエントの場合には当てはまらない，という矛盾をはらんだものです。しかし，クライエントのなかには，自分の過去について語ることで現在の生活が成り立たなくなるとか，よりフラッシュバックや悪夢が悪化するといった理由から，過去について語りたがらない人がいるのも事実です。そのような場合には，当然のことながら，無理にそのことについて語ってもらうというようなアプローチはとりません。以下は，私がグループ・スーパーヴィジョンで聞いた同僚の事例です。

> この15歳の少年は，心理療法の中で過去の出来事について語る重要性を認めながらも，やはりその後はとても苦しくなるので，もう心理療法には来たくないと言います。そこで心理療法士は，50分間のセッションのうち，最初の20分を過去について語る時間，残りの30分を現在の生活での楽しいことや，がんばっていることについて語る時間とすることを提案します。そうすることで，誰かに聞いてもらう必要があることを吐き出し，話す時間とともに，そこから回復して，より希望を抱ける心の状態になって現実の生活に帰っていくことができる，という

状況を作り出すことができると考えたからです。

　このように，具体的に時間を区切るようなアプローチは，通常の精神分析的心理療法ではとられないのではないでしょうか。
　また，私自身も，子どもの心理療法士であるスーパーヴァイザーから，「心理療法は，苦しかったことや過去のことばかり話す場所ではないのよ。今の生活の話，将来の話，そんな楽しい話をする場所でもあるのよ」とクライエントに伝えるよう，アドバイスを受けたことがありました。
　センターにクライエントが紹介されてくる場合，紹介者である SW や GP，教師たちは，彼らは過去に傷を負っているクライエントなのだから，そのことについて話をすることで気持ちが楽になるのではないかと考え，それをあらかじめクライエントにも勧めていることが多いようです。そのためクライエントは，センターに来てセッションを受けるからには，そういった話のみをしなければならないと自分を追い詰めて，かえって苦しくなっている場合も少なくないのです。そこで，このような一言をかけることでクライエントはかなり安心し，そのことによって，必要に応じてセッションのなかでの過去の振り返りが自然な形でできるようになっていくのです。
　こうした状況を鑑みると，心理療法士の側から過去の状況について整理して理解を深めようとするよりも，クライエントの持ち出す話題に寄り添っていくという態度が，ほかのクライエントに対するときよりも，さらに重要になってくるといえるでしょう。クライエントが自分自身に対して"忘れる"ことを許し，心の中に，より普通の日常的経験のためのスペースを保持しておけるようになることが望まれるのです。つまり，外傷的な記憶にとらわれすぎることなく，そこから自分を解放できるようになること（Reid, 1999b）が，究極的にはその個人が，こうした過去を良い思い出の記憶とともに，自分自身の人生の一部として統合して生きていくことができるようになり始めることなのだと思われます。
　一方，クライエントによっては，過去の出来事や英国にやって来た経緯について，さまざまな事情から本当のことを話さない人もいます。そのような人に対して，事情を整理しようと質問を繰り返したり，何度か同じ話をして

もらったりすることは，その人に"嘘"を繰り返させることになってしまいます。それではクライエントにとって，よりいっそう苦しい状況を生み出してしまうことになりかねません。

　特に，付添人のいない未成年難民だと名乗るクライエントのなかには，実際の年齢はとうに18歳を超えているという人も少なくありません。彼らは，付添人のいない未成年難民としてのほうが容易に英国に入国できるという理由から，年齢を偽っているのです。なかには，心理療法士との関係が確かなものになってから初めて，本当の年齢を明かしてくれるという事例もあります。

　私自身にも，英国にやって来た経緯について，結局最後まで真偽のほどがわからないままであった二人の少女との出会いがありました。ある国からやってきたこの二人の少女が私に語ってくれた難民となった理由も渡英の経緯も，まったく同じ内容だったのです。二人は，同じ国からやって来たということ以外に，なんら共通点はありませんでした。センターにやってきて私の面接を受けるに至った経緯も，時期も，まったく異なりました。ところが全く同じ内容の話を聞かされて困惑した私は，上司にこのことについて相談したのです。すると，同じ国の難民コミュニティーのなかで流布している"渡英物語"のようなものが，確かに存在していることを，知らされました。そして，彼女たちに"嘘"を繰り返させ，そのことで追い詰めることを避けるためにも，その話をそれ以上詳しく聞かないように，とのアドバイスを受けたのでした。

3．転移

　それでは，こうしたクライエントとの間で起きる転移・逆転移関係は，一体どのようなものなのでしょうか。これは一言でいうならば，「心理療法士の巻き込みと外傷体験の再演」と表現できるものかもしれません。

　心理療法士に対してのクライエントの興味は，「国籍は？」「もし移民・難民であるのなら，いつ英国に来たのか？」といった内容に集中することが多いように思われます。そして，心理療法士も自分と同じような難民であったにもかかわらず，この国での努力の甲斐あって今は専門職に就き，以前の自

分と同じような難民を助ける側に回っているのだろう、といった理想化が顕著に見られます。私自身も、外見は東洋人であり、英語にも訛りがあるのにもかかわらず、「生まれも育ちも英国なんでしょう」とか、明らかに英国人の名前ではないにもかかわらず、「英国人なんでしょう」と決めてかかられた体験があります。これらはまさに、クライエントは自分が見たいもの、見る必要のあるものを心理療法士のなかに見るのだということを、非常にわかりやすい形で知らしめられた体験だったといえます。

　一方、特に政治難民や宗教的迫害から難民となった人々にとっては、心理療法士の政治的立場や宗教を知ることが、心理療法士と心理療法というものに対して安心して信頼関係を結べるか否かの、最大のキーとなることもあります。つまり、心理療法士は、自分の生死や生き方に関わる人生の基本的なところにおいて、敵なのか味方なのか、ということです。私は、心理療法士はクライエントを担当する際に、前もってそのクライエントの国の政治的・宗教的背景について、最低限の知識を持っておくことが必要ではないかと感じています。また、もし心理療法士のなかに、政治的・宗教的、あるいは民族的に何がしかの強い思いがある場合には、それらと強い葛藤を引き起こす可能性があるクライエントは担当しない、という選択肢があるということを心にとどめておく必要があるでしょう。たとえ、心理療法士の側にそういった事柄に対する強い思いがなかったとしても、クライエントの側が、必要以上に心理療法士のそれと対立感情を抱くことが予測されるような場合も同様に、そのクライエントを担当をしないという選択をしたほうがよいこともあるでしょう。

　実際に、私の同僚でも、自分の姓から自分がどの民族の出身かがわかってしまうため、その民族と対立関係にあるクライエントを担当することは避けたいと、申し出た人がいました。

　また、あるクライエントは、私の名前をウェブサイトの検索にかけることで私が日本人だということを割り出し、「その名前は、日本人の名前だよね」と確認してきました。彼がここで本当に確認したかったことは、私が日本人だということは仏教徒なのだろうということなのでした。というのも、彼にとっては仏教というのは、宗教のために武力抗争を行ったことのない唯一の

宗教です。そして，その仏教徒である私は，彼が直面している宗教問題に対しても中立的で寛容であるはずだというのが，彼のなかの確信だったからです。私は，自分が日本人であるとも，仏教徒であるとも（実際には私は仏教徒ではないのですが），彼には伝えていません。しかしこれは，私が自分の敵であってもらっては困るという，彼からの強力なメッセージであったと考え，そのことについて彼と話し合ったのでした。

4．症状と夢

　さて，クライエントのなかには，現在の生活のなかで起きている"症状"と，過去の外傷的体験との間に，何らかのつながりを持って考えられる人が多くいます。たとえば，先に挙げた，暗闇の中ではフラッシュバックのために眠れないと訴えていた少女の場合もそうですし，極端な場合には，初めて面接室のドアを開けて部屋の中を見た途端，自分が厳しく尋問を受けた部屋を思い出して足がすくみ，面接室に入れないと，直接的な記憶がよみがえってきた人もいます。

　私が出会った当時18歳だった少女は，英国に逃げ出してくる前の数カ月間は，自国でほかの少女たちと共に暗くて狭い牢獄の中で暮らしていたといいます。そこでは，窮屈に互いに身体を寄せ合うようにして横たわり，眠らなければなりませんでした。彼女はそれ以来，背中の疼痛があると言い，それは一人でベッドにゆっくりと横たわることができるようになった今でも，決してなくならない痛みなのだと言うのです。

　それはまるで，そうした生活から抜け出して自由を得られたというのに，彼女の背中（心）は，今もあの頃の痛みを決して忘れることなく抱えているのだ，とでもいうようでした。心理療法に通い始めた当初は，自分の背中はあの頃に受けた実際の身体的なダメージのために決して良くなることはないのだと固く信じていた彼女でしたが，それは徐々に彼女の背中ではなく心の痛み——もう二度と会えないかもしれない家族や友人，そして祖国を思う心——として考えられる要素になっていったのでした。彼女は，当時の牢獄での生活に端を発する背中の痛みといった身体の記憶と，そこに入ることになった経緯や脱出の過程，そしてそこでの苦しい思い出や喪失といった，

現在もなお続く心の痛みとを，少しずつ関連づけながら考えられるようになっていったのでした。

一方で，こうした現在の症状と過去の体験とをまったく結びつけて考えることのできないクライエントもいます。

彼は，私の同僚である成人心理療法士が担当していた，30代の男性でした。彼は心理療法を受け始めた当初，天井が低く窓も小さい，いわゆる屋根裏部屋で生活をしていました。日中は職業訓練校に通い，特に体調の不良を訴えることはなかったのですが，この自室に戻ると吐き気や頭痛に襲われ，すぐに外出せねばならなくなるようなパニック様発作に襲われます。心理療法士は，彼の部屋が何かそうした症状の引き金になっているのではないかと，彼が話す過去の体験と結びつけて考えてみようと繰り返し試みるのですが，彼にはそうした心理療法士の意図はまったく伝わらなかったようでした。

ほどなくして彼は，SWの配慮もあって，天井が高く，比較的大きな窓のついた部屋に移ることができました。すると，彼のそれまでの症状はぴったりと消失したのです。そこでようやく，それまで暮らしていた部屋が彼にさまざまな苦しい体験を思い起こさせる場所であったのかもしれないこと，けれども彼にとってはそうした具体的な記憶を呼び起こすことがあまりにも苦痛であったため，代わりに彼の身体がそれを訴えていたのかもしれなかったことなどを，少しずつ考えられるようになっていったということでした。

私たちは誰しも，苦痛な体験はできれば記憶から消し去ってしまいたいと思いますし，なかったことにできればどれほど良いだろうと考えることもあるでしょう。しかし，たとえ意識的にはそれが可能であったとしても，ときに私たちの身体が，身体の感覚が，そして身体の記憶が，それを許してくれないことがあるのもまた事実なのでしょう。身体は，私たちの心に代わってそれをまさに体現してくれているのですが，それは決して心地の良い体験ではありません。こうした負の側面のいっさいを身体にゆだねてしまうのではなく，少しずつでもよいから心で引き受けていくことができたときに，こうした身体の苦痛もまた軽減されていくようだということを，こうした人々との出会いによって，私自身も体験していったように思います。

それでは，クライエントが語る夢の場合はどうなのでしょうか。
　ある東欧の国からやってきた16歳の少女は，ロンドンでは野心に燃え，勉学に励みながらも，「誰かに何でもいいから私の話を聞いてほしい」という主訴でセンターにやってきました。当初，彼女が私に語った物語は次のようなものでした。
　およそ2年前に父方の伯母から，このような国にいても将来に希望は持てないのでどこか西欧の国に逃れるようにと，トラックの荷台に乗せられたということでした。そして，たまたま到着した先が英国だったということです。以後，ソーシャルサービスにより子どものためのグループホームに措置された彼女でしたが，安全な場所であるはずのそこでも，彼女は，火事に見舞われて逃げ出さねばならないという夢を繰り返し見ていたと言います。彼女にとっては，この子どものための施設すらも，決して安心して眠れるような場所ではなかったのでしょう。
　彼女は私との心理療法のなかで，現在の学校生活では，なかなか英国人の同年齢の仲間とは打ち解けられないといった苦しみを語る一方で，少しずつ子ども時代の思い出を語るようになっていきました。彼女の語る子ども時代の風景は，物質的にも決して豊かなものとはいえず，母親のいない父子家庭のなかでの寂しい情景でした。いつ帰るともわからない父親を，電灯の切れてしまった真っ暗で寒い部屋の中で，飼い猫と身体を温め合うようにして，おなかを減らしながらうずくまって待ちわびていたというのです。しかし，同じ団地に暮らす子どもたちとの楽しい遊びや，学校生活の風景など，私が知る日本の子どもたちの情景と何ら変わりのない様子もまた，語られていくのでした。
　そのようななか，子どもたちは学校から一人，また一人と，姿を消していったと言います。ある子どもは誘拐され，ある子どもはどこかに売られていったのだと……。そのようななか，頻繁に彼女の食事の面倒を見てくれていた近くに暮らす伯母が，彼女をトラックの荷台に乗せてくれたのだと言います。
　このような話をしながら，心理療法がおよそ1年を経過した頃，彼女は，本当は私に話したいことがあるけれど，どうしても今は言えない，というこ

とを繰り返し訴えるようになりました。私は，彼女にとってそれを話すことがとても大切なことのように感じられるけれど，同時にそれを彼女が話しても大丈夫だと思えるまで待つことも大切なことのようだと伝えながら，彼女が何かを話し出すのを待つようなセッションが続きました。

　そんなある日，彼女は夢を見たというのです。その夢について彼女は，「実際に起こったこととは違っていたんだけど……」と切り出しました。彼女はまるで，現実に起きたことと見た夢とが違っていることが，何か申し訳ないことのように感じられているようでした。その夢とは，「いつも一緒に遊んでいた近所に住む従兄に，小さな部屋に閉じ込められたの……でも，従兄はその部屋に鍵をかけなかったのよね……本当は彼はその部屋に鍵をかけたんだけど，夢の中ではかけなかったの！　だからね，私は彼が目を離したすきに，こっそりその部屋から逃げ出すことができたのよ……実際にはね，逃げ出すことなんてできなかったし，そのままレイプされて船に乗せられて……」。彼女は現実には，そこからほかの少女たちと一緒に，どこかの国へ大きな貨物船に乗せられて行くことになったのだと言います。これはもちろん，彼女が当初話していた渡英の物語とは異なる文脈です。しかし，私にはどちらの物語も彼女の語る真実のように思われてなりませんでしたし，ここでどちらが事実なのかと問いただすことが，何か役に立つようにも思われませんでした。ともかく，彼女は夢の中ではそうした状況から逃げ出すことができたのですし，そうした術を持っていたのでした。つまり，実際のトラウマティックな経験においては，彼女は状況に対してまったく無力であったのでしょうが，夢の中では，危機的な状況に対して何かができるという彼女のなかの潜在的な力が発揮され，それが書き換えられたのです。彼女のなかには，そうした力と自信のようなものが育ってきていたのかもしれないと思われました。ピノス（Pynoss, 1996）は，トラウマからの回復能力にとって最も重要なことは，実際の経験ではまったく無力であった状況に対抗する力（potency）を導入することであると述べていますが，彼女のこの夢は，まさしくそうであったのではないかと思われます。

5. 終結――別れ

　こうした夢を語りながら，彼女の心理療法は経過していきました。彼女にとってのロンドンでの学校生活への適応は，決して容易なものではありませんでした。学校帰りにパブに寄ってお酒を飲むなどという行為は，彼女の祖国の文化にはあり得ないことでした。彼女にとってお酒のにおいは，アルコール依存症であった父親のにおいを，懐かしくも心細くも思い起こさせるものでもあったのです。彼女は，学業で好成績を修めることで何とか学校生活でのバランスを維持しながら，少しずつ，心を開いて話のできる友人ができるようになっていきました。

　そのようななかで，私が数カ月後にセンターを去ることが決まりました。彼女は，私が去った後も引き続き別の心理療法士と話をすることを続けていきたいと，明確な希望を表明しました。これからも英国で暮らし続け，彼女が夢として抱く銀行員という職業に就くためには，心理療法による援助がまだまだ必要であると，彼女は考えたのです。そしてやはり，女性の心理療法士を希望しました。私との最後のセッションを終えた後，彼女は間を開けることなく次の心理療法士とのセッションに移っていったのでした。

　センターを去ることが決まった当時，当然のことながら，私には彼女のほかにもそのことを告げなければならないクライエントがいたわけですが，それぞれに心理療法の終結を選択したり，他所でのデイケア・プログラムを選んでセンターを去っていくことを選択したりするなど，私自身も含めたそれぞれが，それぞれの新しい道を選んでいったのでした。しかし，このプロセスのすべてが，彼女の場合のようにスムーズに運んだわけではありませんでした。なかには，私のほうが，終結について話題に挙げることがどうにも耐えられない，といった気持ちにさいなまれたクライエントもいました。

　たとえば，中央アジアから家族そろって英国に移り住んでいた14歳の少女に対して，私には，私がセンターを去ることはすなわち彼女を裏切ってしまうことになるという強烈な罪悪感がありました。私は，自分がセンターを去ること，そしてそのために彼女のセッションをこれから先も続けていくことができなくなるということを告げるべく心づもりをしていた日，ついに何

も言えないままにそのセッションを終えてしまったほどだったのです。

　彼女は，家族そろって英国にやってきたとはいえ，祖国には，いつも彼女を慈しみ世話を焼き，遊び相手にもなってくれていた祖母を，一人残してきているという罪悪感がありました。彼女の家族はいわゆる経済難民でしたから，祖国の祖母とは電話や手紙のやり取りが自由にできていました。そして，祖母に会うために祖国へ帰ろうと思えばそうした自由もあったのですが，むろん経済的な理由から，それは現在のところはかなわないままでした。これからやってくる長期休暇にも，彼女は祖母に会いに国に帰ることはできず，そのことについて両親を責めていたのです。たとえ国外に移り住んだとしても，いつでも祖母のところには戻れるのだと，両親は何の確証もないままに彼女に約束して英国に移住してきていたようなのでした。

　彼女は，ついにセンターを去ることを告げた私に対しても，「パパやママと一緒で，あなたも大嘘つきだ！　誰も私のことなんて考えてくれないんだ！　そうやって私を置き去りにしていくんだ！」と，怒りをぶちまけるセッションが続きました。彼女の怒りは当然のものだったでしょう。彼女にとっては，毎週のセッションにやってくるということそのものが，この新しい国で新しい学校生活を送るという大変なプレッシャーのなかで，安心して自分の気持ちを語ることのできるかけがえのない生活の一部になっていたのでしょうから。また，このセンターは，祖国の香りをそのままに続ける家庭生活と，それとはあらゆる意味で対照的な英国の学校生活という二つの空間の間をつなぐ，移行空間（Winnicott, 1953）の役割をも果たしていたのだと思われます。彼女にとっては，それを失う準備などまったくできていない時期に，私が去ってしまうことで，それを根こそぎ奪われてしまうような体験になってしまったのかもしれません。私は，自身の都合で，祖国を失った彼女から，再び大切な居場所を奪ってしまうというとんでもない罪を犯してしまったのでした。まさに，自分たちの都合で，彼女から祖国や祖母を奪ってしまった彼女の両親と同じことを，私は彼女にしたのでした。

　しかし，彼女のこうした怒りを受け止め，理解していくという作業を繰り返すなかで，彼女は「私もこうやって新しいところに来て，新しい生活を始めている……。この学校が終われば，また別の学校に進むことになる……。

そんなふうに人は動いていくものなのかもしれないね……。永遠にずっとずっと続いてほしいと思っていたし，そうなるものだと思っていたけれど，そんなことって本当にはあり得ないんだよね……」と，この別れが，決して彼女を根こそぎにしてしまうような壊滅的な性質のものではなく，むしろ次に進むための一つのステップになるものなのかもしれないと，考えられるようになっていったのでした。そして，私が去ってもこのセンターという大きな器はなくならないということを確信することができ，心理療法は私とのセッションをもって終結にしますが，その後はメンターによる学習支援を受けながら，学校での勉学に力を入れていくことを自分で決めたのでした。センターはこれからも彼女を抱え続けていくということに変わりはなく，それによって彼女も，この新しい国での生活の基礎を固めていくという希望を持てるようになり始めたのでした。

　また，それまでは自国のコミュニティーのなかで守られるようにして暮らしていた彼女の両親も，難民・移民のための英語学校に通い始め，英国でのより自立した社会生活への第一歩を踏み出したのでした。

第8章 遠く離れて
―― 付添人のいない未成年難民（Unaccompanied Minors）との出会い

　ここに掲載する論文[*1]は，さまざまな事情を抱え，難民あるいは難民申請者として英国に単身渡ってきた，「付添人のいない未成年難民（unaccompanied minor）」と呼ばれる青少年との，精神分析的心理療法過程で生じる諸問題に関して論じたものです。こうした青少年は，思春期に特有の発達課題に加えて，自らの背負う生育歴や外傷・喪失体験を抱えつつ，新たな場所で新たな生活を築いていかねばならない状況にあります。こうした青少年との精神分析的心理療法において，心理療法士には，言葉にできず，思考することもできないほどに耐え難いものが投影されることになります。そして，その受け皿になることが心理療法士の主要な役割の一つであるといえます。

　本章では，こうした青少年の抱える問題について，精神分析的発達理論からの検討を試みます。また，彼らと心理療法士との間で起こる関係性の質，および心理療法士の「環境」としての機能について，ウィニコット（Winnicott, D.W.）およびビオン（Bion, W.）の精神分析理論を軸に考察します。

[*1] 私が子ども・青年心理療法士として勤務した，ロンドンのレフュジー・セラピー・センターにおける複数の事例をもとにまとめたものである。このセンター主催のワークショップにて発表し，センターが出版する予定であった *Resillience, Suffering and Creativity II* に掲載予定のまま，未公刊になっているものを訳出し，加筆・修正を加えた。

AWAY FROM HOME —*Working with Unaccompanied Minors*—

I was born tomorrow,
Today I live,
Yesterday killed me.

Parviz Owsia,
Iranian writer

はじめに

　私は，レフュジー・セラピー・センターで子ども・青年心理療法士として，難民という背景を持つ子どもや青年らと会っています。本論で取り上げたいと考えているのは，私が出会うクライエントのなかでも大多数を占める，家族と離れて単身で英国にやって来た青年たちについてです。18歳以下で大人に伴われることなく英国にやってくる青年／子どもは，「付添人のいない未成年難民」と呼ばれます。彼らが家，家族，友人，学校，言葉，文化，その他のすべてを捨て去り，英国にやってくることになった理由はさまざまです。これらは「安全基地」(Bowlby, 1988) と言い換えることもできるでしょうが，本論ではこれを「HOME」と呼ぶことにします。

　クライエントのなかには，戦争から逃れてきた青年もいれば，牢獄から何とか抜け出してきた青年もいます。その理由はさまざまですが，彼らの大多数が恐ろしい体験をくぐり抜けてきているのであり，彼らに共通することといえば，「新たなより良い人生（a better new life)」のために，自らの HOME から逃げ出す必要があったということです。彼らの多くは，最終的にどの国にたどり着くのかはわからないままに自国を出てきているのですが，そのとき彼らは，自らの HOME に残るよりはずっと，「新たなより良い人生」があるはずだと信じていたというのです。驚くべきことに，私が出会ったほぼすべての青年が，この表現を用いています。ここに至るまでの過程は，混乱を来し，混沌とした恐るべき体験であったに違いないのですが，彼らは皆，「新たなより良い人生」に安全に到達できるのかどうかすら不確かなままに，ともかくそれを生き残ってきたのです。それでもなお，最終的に英国にたど

り着くまで，彼らは希望を抱き続けていたわけですが，同時に彼らの多くは，自らの HOME に戻ることについての希望は持っていないのです。

　本論では，HOME から離れた見知らぬ場所で，思春期・青年期の付添人のいない未成年難民の体験について考えるために，特に「促進的環境（facilitating environment）」（Winnicott, 1963a）について取り上げたいと思います。そして，アンドリュー，ウェンディ，エリザベス，フランク，そしてアンジェラとのセッションから，とりわけ心理療法士である私に投影されるもの，彼らの心の中で私がどのような対象になるのかといったことに焦点を当てながら，彼らのそうした感情をコンテインするのみならず，こうした投影を，いかに彼らのニーズを理解する一助として治療的に用いることができるのか，といったことについて考えたいと思います。

　彼らとの仕事について語る前に，まずは，私がこのセンターで仕事をすることになったきっかけのひとつともいえる体験の一端から，始めたいと思います。

　それは，センターで仕事を始める何年か前に，臨床訓練生として CAMHS（子ども・思春期精神保健サービス）クリニックで仕事をしていた頃に初めて出会った，付添人のいない未成年難民との体験でした。私自身が自分の国である日本を離れて生活していたということ，そして同時に，外国人としての困難な体験を持つ日本人のクライエントを対象にしたクリニックで仕事をしていたという背景とも重なって，このときの出会いは私にある種の傷つきのようなものを残しました。そしてこれらのすべてが，私がこのセンターでの仕事に入っていくきっかけのひとつになったと思っています。

第 1 節　付添人のいない未成年難民との初めての出会い[*2]

　ジョンはそのとき 16 歳でした。ほんの数カ月前までは，自国で両親と共に暮らしていたと言います。反政府活動に関わっていたという彼の父親は，ある日，警察に囚われてしまいました。母親はこの逮捕について告訴するこ

[*2] 第 6 章で紹介した，「話すための場所（Young People's Walk-in Service）」にやって来た事例であった。

とができると考え，裁判所に訴え出ました。しかしその直後，母親がちょうど不在のときに，武装勢力が家にやって来たのです。ジョンは，そのとき家に一人でいましたが，恐怖におののきながらもなんとか母親の行先は知らないとだけは言うことができました。彼らが去った後，帰宅した母親は，もうそこに残っていては安全ではないと感じ，その日のうちにジョンを伴って母親の姉が暮らす隣国へと逃げたのです。ジョンは，英国にやってくるまでの間，そこで近くの小学校の中にかくまわれていたということですが，母親は結局逮捕されてしまい，その後どうなったのか，知る由がありません。

　私が彼と出会ったときには，すでにジョンのソーシャルワーカー（以下SW）がこの伯母とコンタクトを取っており，赤十字を通じて彼の両親についての更なる情報を得ようとしているところでした。ジョンは，ここで生きていること自体を恐れていましたし，おそらくは自分だけがこうして安全に生き残っているということについて強い罪悪感を抱いているのだと思われました。最初のセッションで，彼がSWに助けられながら話すここまでの話に，私は完全に圧倒されていました。また，ただ話を聴く以外には何もできないという無力感にも襲われていたのです。

　その後，二度目のセッションには，彼は一人でクリニックにやってきました。

　　セッションの始めに，私は前回の最初の出会いのときと同じくらいか，あるいはそれ以上に彼の存在感に圧倒されていました。一体この少年は，前回話してくれたような体験を，どうやって生き延びてきたというのでしょうか。彼がまだたったの16歳だとは，とても信じられないような気がします。ある意味では，彼は成熟しすぎているような，むしろ年齢にしては老成しているようにさえ見えるのですが，それでも彼の顔にはまだかなり子どもっぽい雰囲気が漂っていました。
　　私たちは，互いに見つめ合い，微笑みました。私が「さて……今日は一人で来たのよね？」と問うと，彼はうなずきます。私はさらに，「そう……ここまでずっと一人で来たのよね……地下鉄は大丈夫だった？」と聞きました。私は，前回彼が，地下鉄の中では閉所恐怖を感じると話

していたことを思い出し，すでに彼のことが不憫でならなくなっていたのです。彼はクリニックまでの道のりについて，地下鉄を二度も乗り換えなければならなかったと説明しましたが，車両が混んでいなかったので大丈夫だったと付け加えました。私は「そう，地下鉄も混んでなければ少しはましなんだ……」と言いました。

　彼は「そう。僕，本当に怖くなるんだ……もしたくさんの人がいたらね……よくわからないんだけど……」と答えます。私は，この彼の思いについてもう少し探索してみようと，英国に来る以前からこうした感覚があったのかどうかと尋ねました。すると彼は，「ううん，大丈夫だったよ……まったく何の問題もなかったよ……でも今は……怖いんだ……」と言います。彼は，セッションの初めの頃の背筋を伸ばした姿勢とは対照的に，前かがみになって，私の言葉を注意深く受け止めようとしているようでした。私がさらに，「……地下鉄でたくさんの人に囲まれているときに考えていること，それとも何か思い出すようなことってある？」と聞くと，彼はしばらく考えてから話し始めました。「……わからない……たぶん誰かが僕のあとをつけてるんじゃないかって……そんなふうに感じる……地下鉄でたくさんの人がいたら，僕の国の誰かがいるんじゃないかって。だって僕は奴らの顔を覚えてないから……」。私が「地下鉄に人がたくさんいると，あなたの国の誰かが，あなたのことを探してここまでやって来たんじゃないかって，そういう感じがするってこと？」と確かめると，彼は「そう……実際には奴らはここには来ないってことはわかってるけど……わかるもんか……本当はわからないよね……もしかしたら，ここまでだって来られるかもしれないよね，たぶん，だけど……」。私が「……たぶん，ある面では，その人たちがここまであなたのことを捕まえに来るなんてできるわけがないとわかっているけど，また別の面では，もしかしたらそれすらできるかもしれないって思ってるんだ……それで，たくさんの人が周りにいると，もしかすると，家で一人でいたときにやって来たその人たちのことを，思い出してしまうのかもしれないね……」と伝えると，彼は「そう，そうなんだ……奴ら武装してきたんだよ……」と応じます。私は「そうね……そ

のときものすごく怖かったし，お母さんのことを心配したのよね……」と言いました。「そう……で，駅で地下鉄を降りて歩き始めるでしょう……そしたらやっと誰もついてきてないってわかるんだ。それでも，誰かがどこかで，いつも僕のことを見張ってるんじゃないかって感じるんだ……」と言う彼に，私は「……誰もここまで来られないし，それにあなたがここにいることを誰も知るはずもない。それはわかってるんだけど，でもその人たちには，それができるかもしれないって気もするし，まったく安心できないのよね……」と伝えました。こうして話している間にも，私は彼が，とてつもない罪悪感を抱いているのかもしれないと考えていました。自分だけは逃げ出すことができましたが，そのときに置き去りにすることになってしまった母親は，その後どうなったのかもわからず，また投獄された父親も，どうなったのかわからないままなのです。

　それから彼は，夜眠れないということについて，話し始めました。私が「そう，毎晩，眠れないって感じてるんだ……眠れないときには，どんなことを考えているの？　やっぱり誰かがどこかで見張ってるとか……怖い夢とか見るのかな？」と聞くと，彼は「いやぁ，テレビを見ようとするんだけど集中できないし……で，散歩に出てみるんだけど……誰もいない……そしたらすごく自分がだめな奴だって感じるんだ。うちのほかの男の子たち[*3]はみんな眠ってて，朝起きて学校に行くんだ。でも僕は眠れない……。家を出てそこら中を歩き回って……ほかの男の子たちの部屋が真っ暗なのが見えるんだ。みんな，眠ってるんだ……なんで僕にはそれができないのって考えちゃう……」と話します。私は「……寝ようとして，テレビを見たり，散歩に行ったりしても，何も眠るための役には立たないみたい。それどころか，ほかのみんなが眠って，その日その日を過ごしてるのを見せつけられるようで，もっとしんどくなっちゃう……。ほかの男の子たちのことは何か知ってるの？　前にお互いにほとんど話はしないって言ってたけど……」と聞いてみまし

[*3] ジョンは，ソーシャルサービスが用意した家で，ほかに3人の難民の少年らと共同で生活していた。

たが，彼は「そう……僕らお互いに話はしないんだ。あの子たちが何をしてるのかも知らない……でも……」と言います。そこで私は，「その子たちのことは何も知らないし，みんなどうやって過ごしているのかも知らない。でも少なくともみんな，眠ることだけはできているみたい……」と言いました。彼は「そう，そう思うよ……で，自分は役立たずで希望もないって感じちゃうんだ……何にもできないよ……僕には何もない……」と答えます。私はここで思わず，「……でも，ここで一生懸命にがんばろうとしてるんじゃない？ 学校で英語と数学の勉強をしてるんでしょう？」と言ったのです。もう，私は，彼のことを何とか励まさずにはいられなくなっていたのでした。彼は「そう……もうすぐ試験もある……」と答えます。そんな彼に私は，「そう……でも，もしかしたら，自分の国で学校に行っていたときに本当にやりたいと思っていたこととは，違うのかもしれないね……」と言ってみました。すると彼は「もう英語は学校で習ってたしね[*4]……僕は8年生で医学部を目指していたんだけど，もう今はそんな希望も持てないよ，僕には本当に何もないんだ……」と言い，「本当に自分のことが嫌になるよ……それに役立たずだ……」と繰り返します。

　私はといえば，とんでもない気持ちに支配されていました。話せば話すほど，彼のことを知れば知るほど，私自身が心理療法士として役立たずであるという気持ちでいっぱいになり，希望を持てなくなっていくのでした……。私は自分自身に対して，「ここで一体彼と何をすればいいんだろう。それに，私の人生だって何をすればいいんだろう？」と問いかけていました。

　この短い出会いの後，私は彼に二度と会うことはありませんでした。街なかでパニック発作を起こして倒れた彼は，そのまま思春期病棟に緊急入院となったのです。しかし，その後の彼がどうなったのかは，追跡できないまま

[*4] 彼は実際に，英語で会話をすることに何の不自由もなかった。ただ，英国で大学や専門学校等の高等教育に進学するには，まずは義務教育終了試験を受ける必要があり，彼はこの当時，そのためのカレッジに通っていた。

になってしまいました*5。しかし，その後も私は，彼のことを忘れることができませんでした。もっと何かするべきではなかったのか，あるいはできなかったのかと，罪悪感を抱き続けたのです。

とはいえ，いったい私には何がもっとできたというのでしょうか。私はなんて無能なんだろう！　私はこのような感情を抱き続けながらも，彼の代わりに彼の人生を生きることなどできないことはわかっていましたし，彼のためにこの世界を変えられるような力などももちあわせていないということも当然わかってはいたのですが……。

そしてこの数年後，私はこのセンターでの仕事に携わるようになりました。私はジョンと彼の境遇に，思いを馳せ続けていました。ジョンとの出会いは，確かに私の心に傷を残し，また多くの答えの出ない問いを残したのでした。私はもしかすると，生きる意味，あるいは私たちは一体何のために生まれてきたのかという，解答のない答えを探したかったのかもしれません。

私たちは皆，それぞれの国に，異なる時期に，異なる状況下に生まれてきますが，皆それぞれに自分たちの人生について悩み，不満を持ち，満足できないことが多々あります。どうしてなのでしょう。センターでの仕事に携わることで，私はまるでジョンに対する自分の無能感をあがなうかのように，少しでも楽になれるというのでしょうか。答えなど出せないことはわかっていながらも，私はいつまでも自らに問い続けていたのでした……。

第2節　付添人のいない未成年難民の思春期と促進的環境

さて，英国にたどり着きはしましたが，ここは言うまでもなく彼らが想像していたようなユートピアではありません。英語がまったく話せないでやってくる人もいます。彼らはみな例外なく，ここに家族も友達もいません。そして，多くは自国の家族とも連絡が取れない状況です。彼らは，成長してい

---

*5　彼は，とりあえず少しでもカウンセリングを受けられればとのSWの思いから，私が勤務していたCAMHSクリニックのサービス対象区域外から，「話すための場所」にやって来た事例だった。そのため，思春期病棟に入院となって以後，そこで落ち着いて生活をしているというところまでの情報しか，得られなくなってしまった。

く過程で，安全基地となるはずの自らの HOME を失ってしまっているのです。これから暮らす場所はどのような所なのか，ここで友達を作ることはできるのか，以前勉強していたことを続けるために，ここでも学校に行くことができるのかどうか，この国で自立していくために英語の勉強を始めようかどうしようか……すべてがすぐに答えの出ないことばかりです。

　そして最も心が痛むことは，彼らの大多数が，家族のその後の運命を知らないということです。喪失の痛みと，こうしたわからないことに対する不安に加えて，彼らの内的領域の広大な部分は，虐待，恐怖，そしてこの新しい HOME で落ち着き，統合していくことを妨げることにもなりうる，生き残ったことに対する罪悪感に支配されているのです。これは，外傷体験に関するフラッシュバックによる悪夢や不眠という体験で表現される場合もありますし，持続的な頭痛，集中力の欠如，そして何かを覚えておくことができないといった苦しみとして，現れる場合もあります。これらはすべて，外傷体験に対する一般的な反応だといえます。そして，こうした症状は，彼らの社会的・心理的発達とともに，学業にも影響を及ぼします。これは，記憶を抑圧し，自らを感情と切り離しながらも心の苦しみを表現する，無意識の方法の一つとして理解されうるでしょう。彼らは言葉ではなく，身体を通して表現しているのです。こうして，彼らは多くは SW や GP，学校，CAMHS，そして難民コミュニティーを通じて，センターに紹介されてくることになるのです。

　思春期というのは一般的に，第二次性徴を含む多くの変化に直面する，人生のなかでも最もストレスの高い時期の一つであるといえるでしょう。この時期の心理的・情緒的発達について考える際，彼らがあらゆる葛藤を体験し，以前は疑いもなく信じていた価値観に対して疑問を投げかけ始めるのは，当たり前のことです。これは，一般的には，ものごとを抽象的にも論理的にも考えることができ，意味を見いだす能力の発達を意味するものでしょう。こうした力の獲得は，自尊心の向上とアイデンティティの確立へと連なっていくものです。また，この時期は，エディプス葛藤を含む子ども時代の体験が再び呼び起こされ，そこを再訪し，やり直すときでもあります。これは，本人たちにとっても，またその周囲にいる人々にとっても，大変困難

な課題です。ウィニコット（1968a）は，こうした思春期の一つの特徴を以下のように定義しています。

> 成長するということは，親の場所を奪うことを意味します。まさにそうなのです……第二次性徴期と思春期の成長過程における，完全に無意識のファンタジーのなかには，誰かの死があるのです[*6]。

ここでウィニコットが話しているのは，"普通の環境"における"通常の発達過程"についてです。しかし，親をなくしてしまった付添人のいない未成年難民についてはどうでしょう。彼らにとっては，無意識のファンタジーが，実際に起こってしまったことを意味することになるのでしょうか。

彼らにとって，これはもうファンタジーではなく，自らの無意識のファンタジーが自分の親を"殺す"具体的な力を持ってしまったことが，実際に示されてしまったことになるのです。通常の環境においても，病気や事故などで親を亡くしてしまうということは起こり得ます。彼らの無意識の思考のなかでは，こうした喪失は，自らの無意識の願望や思考のせいであると体験されるか，少なくとも，無意識のファンタジーがこの喪失によって強化されるということが起こるでしょう。付添人のいない未成年難民の場合には，これが更なる外傷や，すでに無意識に抱いていたかもしれない葛藤に，加えられてしまう可能性があります。

そうしたなかでは，現実はより恐ろしいものになり得ますし，世界はより恐怖に満ちた場所となるでしょう。なぜなら，この世界は自らの攻撃性の投影によって，それが現実化されてしまうような場所なのですから……。彼らはまた，自らの人生とともに家族に起こったこと，あるいは起こったかもしれないことに対して，いまだ未成熟なままに責任を負わねばなりません。また，いまだ十分な準備ができていないにもかかわらず，自分で自分の人生の枠組みを作っていかなければならなくなったわけですが，これは同時に真の成熟を達成する機会を失ってしまったことを意味します。

[*6] 著者訳。

思春期には，大人になることに関する不安の諸側面について，仲間と共有できることも大切です。仲間はまた，自分がグループの，地域の，そしてこの新しい国の一員であると感じさせてもくれます。すなわち所属感です。生きていくうえでのこうした基本的な事柄は，付添人のいない未成年難民にとっては，決して自動的に手に入れられるものではありません。理想的には，SW，里親，施設にいるならキーワーカー，教師，その他あらゆる社会的資源が，彼らにとっての重要な対象としての役割をとることです。こうした社会的資源が一緒になって，彼らが成人へと成長発達していく機会を与える促進的環境を作り出すことでしょう。ウィニコット（1963a）はまた，促進的環境は成熟過程の安定した進歩を可能にするとも言います。

　付添人のいない未成年難民のHOMEの喪失は，こうした環境に対する強大な「侵害（impingement）」（Winnicott, 1967）だということもできるでしょう。ウィニコットは，心的外傷の概念と，この侵害という考えの間にある特別な関係を，強調しています。彼は，個々の潜在的力の発揮は，人生の連続性が激しく中断されたところでは起こり得ないと考えています。

　付添人のいない未成年難民はたいてい，こうした侵害が発生する前に，すでに外傷体験を持っています。つまり，彼らは二重にも三重にも外傷を背負っているといえるのです。まずは，もともとの外傷体験，その次に無意識のファンタジーが現実化されてしまったこと（親を実際に失ってしまったこと），そして第三にHOMEの喪失です。彼らにとっては，自らの存在の連続性が中断されてしまったのです。いったん中断されてしまった連続性の糸が修復されるのは，どれほど容易なものなのでしょうか。このような外傷や統合の亀裂（disintegration）は，心理療法を通じて，以前と同じ道に沿う形で再統合されることが可能なのでしょうか。

　付添人のいない未成年難民は，この新しいHOMEで新しい人生を始めなければならないわけですが，これは赤ん坊が環境に対して絶対的な依存の状態から自らのHOMEのなかで人生を始めるのと，ちょうど同じだといえるでしょう。私たちはそこから少しずつ相対的な依存に入っていき，自立に向けての成長を続けるのですが，誰も完全な自立を成し遂げることはありません（Winnicott, 1961）。付添人のいない未成年難民は，あらゆる意味で絶対的

な依存の状態から,この新しい HOME での新しい生活を始めることになります。彼らに促進的環境を提供することで,私たちは彼らが思春期を生き抜くことを支え,自立に向けての成長を促すことができるのではないでしょうか。

彼らにとっての環境とは,コンテイナー(Bion, 1962)として細やかな注意を注ぎ続ける心理療法士を含めた,彼らの周りにいるすべての専門家たちであり,それが新しい HOME の基礎になります。私は,心理療法士がその基本的な役割から大きく外れることなく,彼らの新しい HOME のなかで,ひとつの大切な役割を演じることができると信じています。

次に,この点について考えてみたいと思います。

第3節　コンテイナーとしての心理療法士の役割

心理療法ではまず,その設定そのものが,患者にとって必要な抱える環境を提供するコンテイナーになるということができるでしょう。ウィニコット(1954)は,患者が理解され,解釈されるという設定のなかでこそ,私たちの仕事が実行されうるのだと,臨床素材を用いて検討しています。次に,心理療法士の解釈的仕事に伴う関心もまた,抱える環境になります。そこで,患者の心理的ニーズをコンテインするのです。

なかには,自らの外傷体験から,非常に切り離されてしまっているような人もいます。彼らは,そこから「退避(retreat)」(Steiner, 1993)する必要があったのかもしれませんし,ともかくも生き残るためには,関連づけたりつながりを作ったりするような能力を,一時的になくしてしまう必要があったのかもしれません。ここで心理療法士がしなければならないのは,彼らが生き抜かなければならなかった現実を共に生き抜くことであり,彼らの語りを建て直し,実際の体験について内的意味合いをもたらしていくことだと思われます。

こうした過程を通じて,彼らは自らの内にある良い対象や資源と,再びつながることができるようになるのかもしれません。それは,彼らが体験したすべての外傷や喪失の後にも,まだ残っているかもしれないものです。この

過程は，彼らの「考える」という内的な力によるところが大きいのですが，こうした治療的過程こそが，彼らの考える能力を支えることができるものなのではないでしょうか。そして，彼らがこの新しい HOME をベースに成長し，より良く機能できるようになることも，支えることができるのではないでしょうか。

ここで心理療法士が行うことは，考えられない要素を考えられるものに変容させること，そして言葉にする，つまりそれらに声と文脈をもたらすことで，耐え難いものを耐えられるものに変容させることです。ちょうど母親の「ものおもい（reverie）」（Bion, 1962）のように，です。こうして，自らのもともとの HOME も，この新しい HOME も，両方含めたこの世界は，ただ恐ろしいだけの場所ではなくなるのです。適切な時期に支持的な介入が提供されることで，彼らはもともと持っていた良い内的対象と再びつながることができ，最終的には希望をも見いだせるようになるかもしれません。

ここで再び思春期の発達について考えてみると，思春期に必要なものは，愛し，愛され，その存在を認め，また自らも認められる他者の存在です。そして，最も重要なことは，自らの攻撃性を統合する支えとなるような，生き残ることのできる強い対象です。この対象はまた，しっかりとした境界を維持できることも大切です。ウィニコット（1968b）はこのことについて，母親が赤ん坊の怒りから生き残ることとして，次のように語っています。

　　　母親が"破壊されたり"，乳児の自己の外側に追いやられたとしても，実際に変わることなく生き残ること。ここで大切なことは，"生き残ること"がすなわち"仕返しをしないこと"なのです[*7]。

心理療法士として，私は自分に投影されるものから生き残ることを通して，強い像の象徴になることができるかもしれません。それは，考えることができず，表現することもできないような，恐怖と不安を表現する場を提供すること，そして，理解と感情を声にするのを助けられる人物になることを

[*7] 著者訳。

通して，です。もし彼らが，私をそうしたコンテイナーとして用いることができたなら，喪失を悼むことができるようになり，またやがては，将来への希望をも持ち始められるようになるのではないでしょうか。

第4節　投影

　先のジョンに戻って考えてみると，彼は自身が生き残ったというとてつもない罪悪感を，私に投影していたのだと思われます。そして，彼が抱いていた疑問のすべてが，私に投影されていた可能性もあるのではないでしょうか。

　　　なぜ僕だけが生き残ったの？　お母さんやお父さんよりも僕が生き残ったほうが価値があるといえるの？　お母さんやお父さんがいないのに，まだ生きていく価値はあるの？　ここには安全な暮らしがあるのに，それでもなぜ，もう自分には何もないと感じるの？　こんなふうに感じる僕はだめな人間なんだろうか？

　私は確かに，こうした感情の受け手になっていたのですが，当時の私はこのことをしっかりと認識できず，むしろこれらの感情を，私自身の罪悪感と疑問のみとして体験していました。当時の私は，投影のメカニズムによって，その根底にある自分のなかに引き起こされている感情について考えられるだけの，十分な機能も心のスペースも持つことができてはいませんでした。つまり，クライエントを理解するための一助として，自分の逆転移感情を十分に用いることができずにいたのです。私は，ただ圧倒されているばかりだったのです。しかし，今ならどうなのでしょう。少しは，こうしたことをより良く見つめることができるようになったのでしょうか。ここでは，主にこの点について，探索してみたいと思います。

　ローゼンフェルト（Rosenfeld, 1987）は，精神分析状況において，重篤なトラウマ体験を持つ患者の投影がしばしば過去の外傷的状況を繰り返させ，特に投影を通じて分析家を無意識のうちに共犯者としてそのなかに引き込も

うとする，と述べています。以下に，センターでの仕事のなかからいくつかの断片を取り上げ，こうした投影について考えてみたいと思います。

1．17歳のアンドリュー

　投影は多様です。ときに私は，クライエントの怒りや悲しみに耐えることができない，非常に脆弱な母親となります。もし自分がそうした感情を思い切り表現してしまったら，私は崩壊してしまうかもしれないのです。

　　　アンドリューは，また私に懇願します。「お願い，先生，悲しまないで。ハッピーでいて。僕は大丈夫だから，僕のために悲しまないで！　……お願いだから『私は大丈夫よ』って言って！」ここでまた私はいつものように自問します。私は今，そんなに悲しそうに見えるのだろうか？　私の表情が彼を心配させているんだろうか？　彼の語る物語を受け止めることができないほどに，私は弱々しく見えるんだろうか？

　たしかにアンドリューの物語は悲しく，私の心はかき乱されます。彼が「何で僕にこんなことが起こらなきゃならなかったんだ？　何で僕なんだ？」と自問するように，私のなかにも怒りさえ引き起こすのです。

　アンドリューの父親と二人の兄は，その当時，政治的状況が急変した母国で，殺されてしまいました。かつては裕福で周囲から尊敬されていたこの一家は，突然，人々の怒りと憎しみのターゲットになってしまったのです。14歳だったアンドリューには，何が起こったのかも，愛情深い父や兄たちに何か悪いところがあったのかも，よく理解できませんでした。残された母親とアンドリューは，母親の従兄のいる隣の町へと逃げました。そのとき，母親はすでに心臓の病気を患っていました。しかし，アンドリューは，**お母さんはとても悲しくて，これからのことを心配したために病気になったのだ**と考えていました。

　アンドリューの母親も，母方の従兄も，一家に唯一残された息子としてアンドリューがこの国にとどまっていては危険だと判断し，英国に逃れられるよう手配をしたのでした。彼は「犯罪者の息子」としてではない，より良い

将来を生きなければならないのです。アンドリューが英国に到着した後，母親はこうした状況にそれ以上耐えられなくなっていたのかもしれません。心臓の病気が悪化し，亡くなってしまったのです。それは，アンドリューが英国にやってきてから，3ヵ月目のことでした。

ここでアンドリューと私との間に起こっていたこと，それは，誰も崩壊してしまうことなく，彼の悲しみと怒りを共有することができるのだろうか，という問いでした。このことについて考えられるようになる前に，まず私たちは，アンドリューの語っていることは確かに悲しく，心をかき乱されるような話である，ということを共に認識できるようになる必要がありました。それができてからようやく，希望を持ち続けることができずに亡くなってしまった彼の母親と私との間に，彼が見いだしているらしい何らかのつながりについて，考えられるようになるのだろうと思われました。

アンドリューは，自分の母親に起こったことが私にも起こってほしくはないと，繰り返し繰り返し，自分は大丈夫なのだから私にも大丈夫であってほしい，と訴えてくるのです。そして，彼の語る状況がどんなにひどく衝撃的なものであったとしても，私がそのために悲しんではいけないのでした。もし，私が少しでも彼のために悲しみを感じたとしたならば，私は彼の母親と同じように崩壊してしまうのです。

こうした状況のなかで，心理療法士としての私に最も大切だと思われたことは，やはり生き残り続けることでした。崩壊してしまうことなく，そこにいて，彼の凄惨な物語に耳を傾け続けることで，彼は自分自身の物語に耐えることができ，そのことについて共に考えることができ，将来についても考えるスペースを共有できる強い対象を，経験し始めることができるのです。それはきっと，彼の母親がそうしたかったように，です。

さて，私が，付添人のいない未成年難民との出会いのなかでも重要なことの一つだと考えていることは，通常の同年代のクライエントに対する際よりも，わずかばかりの配慮を行うことです。それはたとえば，毎週同じ曜日の，同じ時間にセッションがあることが了解されているはずではあっても，次の回の予約の日時と，もう少し先のものまでを書き留めた，「心理療法カレンダー（therapeutic calendar）」を渡しておくといったようなことです。

これは，通常ならより年齢の小さな子どもとの心理療法でしか用いません。しかし，ここまでしていても，彼らは突然，心理療法，心理療法士，そしてセンターの生き残りや連続性について，不安を抱くことがあるのです。

アンドリューは予約の日の朝，心理療法が**まだある**のかを確かめるために，電話をしてきたことがありました。また別のときには，どういうわけか彼がセンターに電話をしても，**誰も出なかった**というのです。このとき，彼は間違い電話をしたものだと思われます[*8]。その日，彼はセッションにやってきませんでした。その翌週セッションにやって来た彼は[*9]，この電話の一件について説明した後，「もうセンターはなくなってしまったかと思った」ために，先週はセッションに来なかったのだと言うのです。彼には，セッションの終わりに「また来週」という私の言葉や，心理療法カレンダーは，心理療法，心理療法士，そしてそれらのコンテイナーであるはずのセンターそのものまでが，彼のために存在し続けるという証としては，十分ではなかったようなのです。

この出来事からは，それほどまでの膨大な不安が私一人に対してのみならず，センターにまで投影されているのをみることができます。また，このことにより，アンドリューが通ってこなければならなかった体験のすべてについて，私がいかにまったく理解できていなかったのかということを，私は改めて思いしらされたような気持ちがしたのです。

2. 13歳のウェンディと15歳のエリザベス

ときに私は，決して彼らの友達にも母親にもなることのない，非常に冷徹な人間になります。

　　　　　ウェンディは，私がどこの国の出身であるのか知りたくて仕方があり

[*8] センターの開室時間には必ず誰かが電話に出られる体制になっており，センターが閉まっている時間帯には留守番電話になっているため，彼が間違い電話をしたとしか考えられない。

[*9] クライエントが連絡もなくセッションに来なかった場合には，通常のCAMHSクリニックと同様に，連絡がなかったので気になっている旨と，次回の予約日時を記した手紙を発送することになっている。そこで，アンドリューは，翌週にはセッションにやって来たというわけである。

ません。「英国に来たとき何歳だったの？　それともここで生まれたの？」「私みたいに英国の学校に通ってたの？」「クリスマスのお祝いはするの？」私がこうした問いに答えず，匿名性を保持したままで，私の個人的な事柄について知りたいという彼女の気持ちについて考えようとすると，「これじゃあ友達にはなれないわね？　友達って同等じゃないといけないし，できるだけ同じくらいお互いのことについて知り合うべきだと思うんだけど！」と怒りをあらわにします。

　ウェンディが言うことは，私たちが友達になるのだとすれば当たり前のことかもしれませんが，心理療法士ははたして彼らの友達や家族になるのでしょうか。そうでないとすれば，私は一体誰だというのでしょう。彼女と友達になるために，私は彼女の話を聞いているのでしょうか。あるいは，これが私の仕事だから，彼女の話を聞いているのでしょうか。そして，この専門的な関わりが終結に至ったとき，もうお互いが会うことはないのでしょうか。

　これらは，HOMEとのつながりのいっさいをなくしてしまった少年少女らにとっては，特に喫緊の問題です。常にHOMEがそこにあって支えてくれるのでなければ，どのようにして新しい人生をスタートさせることができるというのでしょう。よくもまあ，心理療法士は家族でもなければ友達でもないなんて言えたものです。これはウェンディのみならず，ほかの多くの少年少女にとっても，何とも受け入れ難く，苦痛を伴う考え方です。

　ウェンディのように，私のなかの母性的な感情を刺激する事例は確かにありますし，そのような場合には，自分の心理療法士としての境界を保つことが困難に感じられることもあります。そしてこれは，もっと彼らのために何かするべきではないのかといった，逆転移感情との絶え間ない戦いになっていくのです。

　エリザベスは私に，彼女の住まいを訪れて，そこでセッションをしてほしいと主張します。「何でだめなの？　SWは時々うちに来ては，私が大丈夫かって確かめてくれるのよ。何で同じことをしてくれないの？

私の住んでるところを見たくないの？　あなたは SW と同じように私のことを心配してくれてないっていうことなの？」

　付添人のいない未成年難民と会っていると，精神分析理論が課す禁欲原則や，境界をめぐっての問題が，とりわけ起こりがちになるように思われます。しかし，そもそも，どうしてこのような原則は存在するのでしょうか。なぜ，私たちはこれを守ろうとするのでしょうか。そして，このことについて，どのように彼らに説明すればよいのでしょうか。それが役に立つから？　では，なぜ？　いくら心理療法とソーシャルワークは別のものだと説明しても，また，心理療法というものは通常はクライエントの自宅では行われないものだと説明しても，当然ながらエリザベスがそれを理解するのは非常に困難なことでした。私は「ただの冷たい人。いつも私にばかり自分のところに来させようとして，自分が私のところに来ようという努力はいっさいしてくれない」ということになるのです。

　ウェンディとエリザベスにとって，私はとても冷たい人間であり，そのように冷たい私がどのようにして彼らを助けることができるのか。これが彼女たちに共通の疑問であり，私に対する挑戦でした。彼女たちの知的で，より統合された成熟した部分は，私について知らないままでいるほうが心理療法を進めるうえで役立つことであり，私が誰なのか，どのような人物なのかと想像することを，楽しむことすらできるかもしれません。そして，それも心理療法の過程の一部なのだと，確かに理解しているのです。しかし，彼女たちの乳児的な部分は，特に，彼女たちが永遠に失ってしまった，現実の母親の完璧な代理を切実に求めているような部分が顕著に前面に出ているようなときには，こうした境界は，到底受け入れられるようなものではなくなるのです。

　　私が彼女の住まいを訪れることができないということをめぐっての
　"戦い" を数セッション経た後，エリザベスは，私には自分のことをとても愛してくれて，何にもまして自分のことを心配してくれていた現実のお母さんのようになってほしいのだ，という私の解釈に同意しまし

た。そして「私は、ママを取り戻したいのよ！　ママに今、私が暮らしているところを見てほしいのよ！」と、もう再び会うことは望めない現実の母親を悼むことができるようになっていったのでした。

　ここでは、私たちの間の境界は確かに必要なものだったのです。なぜなら、それこそが私たちの治療関係に安全な枠を提供してくれ、その空間を用いて、エリザベスは自身の現実の母親の喪失について悼むことができるようになっていったからです。彼女の喪の作業はこうして始まったのです。私は、彼女の転移感情を扱うためには、やはりこのように強固な態度が必要であったのだと、本当の意味で体験としてそれを理解させられたように感じたのでした。特に、彼女の私に対する母親転移は、ウィニコット（1949）が、「母親は赤ん坊の怒りに堪え、その怒りとともに生き抜くという恐るべき考えに耐えられるほど、強くなければならない」と言っていることと、通じるものかもしれません。ここで「母親」という言葉を「心理療法士」に、「赤ん坊」という言葉を「クライエント」に置き換えるとしたならば、これは私にとっては最も難しいことの一つであったかもしれません。

　私は、ローゼンフェルト（1987）の言う、「患者のある種の理想化されたファンタジーに共犯し、患者が過去よりも、より良い環境、あるいはより心地の良い対象を探し求めるのを助けているのだといった、合理化による修正感情体験と呼ぶものを作り出す危険」[*10]に、容易に陥っていたのかもしれません。私は、自分がもっとクライエントの求めに応じなければならないのではないかという感情に駆られて、容易にこうしたタイプの共犯者になってしまう、ぎりぎりのところにいたのだと思います。

　さらに、ローゼンフェルトは、このような共犯関係が分析過程を台無しにするとして、次のように強調しています。

　　何が起こっているのかを言語化する過程と、患者がそれに直面することを助ける過程を、妨げるのです[*11]。

[*10]・[*11]　著者訳。

私はまた，彼ら（赤ん坊／クライエント）が求めるものをすべて与えることが，常に有益であるとも思いません。このことについて，ウィニコット(1949)は次のように示唆しています。

> 境界の歪みは，空間の歪みをもたらすことになるといってよいでしょう。そして，そのために，成熟の過程にも歪みをもたらすのです。境界は，弱すぎたり，散漫であったり，必要なときに不在であったりすることによって，それ自体が歪むこともあり得ます。こうした歪みは形式を奪ってしまいますので，そうした空間で起こることは意味を成さなくなるのです。

こうして，彼女らの投影について若干の理解を得ながら，私は境界を守ることによって，ウェンディとエリザベスが私に対して投げ入れていたものに対するコンテイナーとなることができ，何とか心理療法士として存在し続けることができたのでした。こうした心理療法士の態度こそが，彼女たちの考えられない感情を，私たちが共に考えられる何かへと，変容することを可能にしたのではないかと感じられるのです。

3. 18歳のフランク

私はフランクがやってくるのをただひたすら待ち続け，一人取り残されることになります。それでも私には，彼の運命がすでに彼を罰しているのだと感じられて，彼がセッションにやってこないことについて，決して罰したり責めたりできないと感じているのです。

> 30分近くも遅れてセッションにやって来たフランクは，遅刻についていつものように理由を話し始めます。カレッジで補習があったこと，居残りをしてグループワークを仕上げねばならなかったこと，提出物が山のようにたまっていること，試験が近いこと……。彼は，いかに自分が忙しいのかと強調するのですが，心理療法は彼にとって，こうしたカレッジの勉強と同じぐらい大切なものであり，絶対に止めたくないのだ

とも主張します。私が，今の彼にとって，心理療法にコミットするには適切なタイミングではないのかもしれないと示唆すると，彼は決まって，必要以上に陽気な様子で，「もう僕と会いたくないの？　まさかそんなことないよねぇ！　そんなことあるはずない！」とまくしたてます。

　彼は，セッションにやって来ないこともしばしばで，やって来てもたいてい遅刻です。それでも彼は，心理療法の設定について考え直すべきだとの私の提案には，まったく納得しません。彼はむしろ，心理療法士である私は，こんなに素晴らしい少年と会って時間を共に過ごせるのだから，何の疑問も投げかけずに自分のことを待っているべきだと，本当に信じているかのようにふるまうのでした。心理療法を続けていくことに関する彼の気持ちについて私が問いかけると，彼はマニックな調子で，「何で?!」と頭から否定するのでした。

　フランクは17歳の頃，宗教上の理由から逮捕・拘禁されていたところを，逃げ出してきました。彼の母親は，彼がその宗教団体に関わることに反対していたのですが，彼は母親の言うことをまったく聞き入れませんでした。彼は教団の集まりに参加するために，いつも家を出ている状態だったと言います。ある日のこと，教会の帰りに，彼はついに逮捕され，そのまま投獄されてしまったのでした。以後，彼は一度も母親とは会っていません。母方の伯父が看守に賄賂を支払ってくれたために彼は逃げ出すことができ，そのままその伯父が海外に渡る段取りをつけてくれたのだということでした。

　彼は今，英国で安全に暮らしています。彼の母親は糖尿病を患っており，彼はその看護もしていたため，現在の母親の健康状態についてとても心配しています。しかし，彼の口からは，何の罪悪感も後悔も聞かれません。彼は母親の言うことを聞かずに自分が信じることをしており，その結果として，**母親を失ってしまった**のですが，彼はまだそのことについて，意識的には悼むことができない状態にありました。

　それでは，フランクと私との間に起こっていたことは何だったのでしょうか。自国で起こったことと同じことの繰り返しなのでしょうか。彼は，なん

だかんだと忙しく外での活動に没頭し，セッションにはやってこないか，やって来ても遅刻の連続です。私の"警告"に耳を貸さずにこうしたことを続けていれば，帰宅途上で母親を**失った**のと同じように，彼は私のことも失うことになるのでしょうか。あるいは，私は彼の何一つ自分の責任ではないという強大な否認を，生き抜くことができるのでしょうか。

　フランクは，こうして当時と同様の状況を再現することで，心理療法に対して，このように破壊的な行動をとっているのではないかと考えられました。これは，私もセンターも，あるいはこの HOME 全体が，こうした彼の破壊性を生き抜けるだけ強く，彼の国が母親と彼の HOME を根こそぎにしてしまったように，彼から心理療法や心理療法士を奪い去るといった反応をしないことを試す彼の無意識的なニーズ，つまり，フロイト（Freud, 1920）が，克服するための反復強迫と呼んだものだったのかもしれません。

　こうした状態についてウィニコット（1969）は，衝動というものは潜在的に破壊的なものになりうるとした上で，それは対象によって破壊的にもなれば，必ずしもそうはならないこともあると言います。そして，対象が生き残り，その性質を保持するならば，破壊は起こらないのだと結論づけています。私は彼の環境の一部として，フランクの心理療法に対する破壊性を生き残り，心理療法士としての私であり続ける必要があったのでしょう。これは，「崩壊してしまう母親」というアンドリューの投影を，生き抜く必要があったのと同様に，です。

4．16歳のアンジェラ

　このように，心理療法士に対して実に強力なものを投げかけてくるクライエントがいるのですが，こうした投影は，心理療法士がクライエントを理解するための強力な要素の一つになります。これは，クライエントからのコミュニケーションなのです。しかし，心理療法士のなかに，一見，特に何の感情も投影してこないかのように思われるクライエントの場合は，どうなのでしょうか。

　アンジェラは，東欧のある国で，彼女の置かれていた過酷な搾取的状況から逃げ出してきた，付添人のいない未成年難民でした。彼女は，自分が英国

にやってくるようになった経緯についても，家族についても，いっさい語ろうとはしませんでした。ですから，私は彼女のことをほとんど知らないままでした。ただ，彼女はセッションのなかでは，泣いて泣いて泣き続けるのです。その様子から，彼女が最終的に英国にたどり着くまでには，かなり多くの困難をくぐり抜けてきたことは，想像に難くありませんでした。

　涙が河のように頬を伝っていますが，何の感情も表現されません。まるで，水道が開けっ放しになって流れているかのようです……。彼女がどうして泣いているのか，私にはわかりません……。これは，彼女が話をしないからではなくて，私のほうがまるで麻痺してしまったかのような感覚を抱いており，何も感じられなくなっているからでした。

　彼女は，何か私に投影しているのでしょうか。これは，彼女が自分の感情を誰かに投影する力がないということを，意味しているのでしょうか……。そうではなく，ここでは何かが**おかしい**ようでした。彼女は，まだ言葉にはできない何かについて，確かに泣いているのです。そして，彼女は悲しく，寄る辺のない気持ちになっていることは，確かなのです。彼女は実際に泣いているのですから。しかし，なぜ私は，ここまで彼女の感情を，いっさい感じられなくなってしまっているのでしょうか。

　彼女は，私にはまだ彼女の話を聴く準備ができていないと無意識的に感じ取っており，そのために，感情を自分のなかに閉じ込めていたのでしょうか。しかし，涙までは止められなかったということなのでしょうか。あるいは，私のほうが，彼女の抱える重荷に触れることを避けていたのかもしれません。彼女の涙が意味するところから，私は逃げているのかもしれません。彼女について知ることは，私にとってそこまで恐ろしいことなのでしょうか。泣きたいだけ泣けば，私のほうから積極的に介入せずとも，そこにある感情や体験について，彼女のほうから話し始めるなどということがあるのでしょうか。それでは，私はただここにだまって座って待っていましょうか。あるいは，ここで私に求められているのは，「その涙の後ろにあるものは何なの？」と聞く勇気を持つことなのでしょうか。

第5節　促進的環境の一部になること

　私たちの仕事のあらゆる側面において，非常に大切なことは，スーパーヴィジョンです。センターでは，隔週でグループ・スーパーヴィジョンを行っているほか，センターの外で個人スーパーヴィジョンを受ける機会にも恵まれています。スーパーヴィジョンで抱えられ，促進的環境を提供されることによって，今度はそれを私たちがクライエントに提供することができるようになるのです。心理療法士がそれを十分にクライエントに提供するためには，心理療法士とクライエントの両方を抱えられるような，さらに大きなコンテイナーが必要なのです。ウィニコットの言葉でいうと，母親には彼女を守り支える父親が必要なのであり，ここでいう父親の役割が，心理療法士にとってのスーパーヴァイザーのそれといえるでしょう。

　たとえばアンジェラのケースでは，「アンジェラから感情がまったく伝わってこない」という私の体験についてスーパーヴィジョンで話し，考え続けることで，私は少しずつですが，次のようなことに気づき始めたのです。つまり，私はいかに自分が彼女から出されているサインを遮（さえぎ）り，彼女の投影の受け手になることを拒否し，文字どおり何も感じず，「ああ，まただ……また何も話さないまま泣き始めた……」と，むしろ苛立ったりしていたのかということです。アンジェラが話し始めると現れ出てくるかもしれないことに，私は恐れをなしていたのでしょうか。それならば，ただ50分間，じっと座って泣くままにさせておいたほうがよいというのでしょうか。とはいえ，私は彼女に対して，苛立ちを感じ始めてもいたのです。

　フロイトの古典的精神分析では，患者は自由連想をするなかで，頭の中に浮かんできたことを何でも話すことが求められます。ウィニコット（1963b）は，分析家はすべてを話さないという患者のニーズを尊重すべきであり，患者自身が自らの解釈にたどり着くのを待つ必要があると，次のように強調しています。

　　沈黙の期間は，患者ができる最も肯定的な貢献かもしれません。そし

て分析家は，待つというゲームに取り込まれていくのです。もちろん，動きや姿勢，そのほかのあらゆる行動の詳細について，解釈することはできます……分析家は待ったほうがよいのです*12。

けれども，私はアンジェラの涙について十分な解釈をすることもなく，言葉でコミュニケーションをしない彼女と共犯する形で，"待ちすぎ"ていたのではないでしょうか。私の新しいチャレンジはこのようにして始まり，本論を書いている現在もまだ続いています*13。

ここで私は，チャレンジという言葉を用いましたが，これはセンターでの仕事の性質について表現するうえでも，かなり的を射た表現だと思います。自分自身とは天と地ほどの差のある背景を持つ人々と向き合うというチャレンジは，私がジョンと出会ったときと同じように，過去，現在，未来の自分自身という存在についての問いを導くことになります。こうした問いに，はっきりとした答えが見つからないのは，いかなる領域における心理療法という仕事においてもはっきりとした答えがないのと，同じことでしょう。

ここで再びフランクについて考えてみると，私が彼にとっての促進的環境の一部であろうとするならば，私は彼の心理療法に対する破壊性を，生き残らねばなりません。彼の不在によって私が破壊されていないことを示すために，毎週毎週変わらずそこに存在し続ける，すなわち，生き残る必要があるのです。しかし，単に生き残るだけではなく，そこで何が起こっているのかを彼と共に考えるということもまた，大切なことであり，それこそが心理療

---

*12 著者訳。
*13 彼女との仕事は，私がセンターでの仕事に区切りをつけて日本に帰国するまでの，約2年間続いた。彼女は徐々に，現在のロンドンでの生活が彼女にとっていかにみじめなものであり，満たされないものであるのかといった事柄を，涙ながらに話すようになっていった。当初，彼女の心を占めていたのは，彼女をさいなむ無力感であったが，トラウマからの回復の最初の兆候（Pynoss, 1996）として，彼女は怒りを感じ始めていたのであろう。自分の怒りに気づくことで，彼女は自分自身に対する無力感を強めるのではなく，むしろ強さを感じられるようになっていたのだと思われる。当初のアンジェラにとっては，自らのなかにある怒りを認識することなく，それらの表出に抑制がかかっていたことで，より無力で傷つきやすい状態にあった（Reid, 1999）といえるであろう。彼女は，自国出身者のコミュニティーに積極的に関与するようになっていったことをきっかけに，少しずつだが，ロンドンでの生活に落ち着きを得られるようになっていった。

法士としての役割なのです。

　この状況について直面化することも，彼の心理療法を進めるための一つの方法ではあるでしょうが，いうまでもなく，それが彼の不在に対する私の反応であったり，報復であったりしてはなりません。現時点では，過去の状況を私との間で再現しているのかもしれないということについて，彼はまったく考えも及ばない状態にあり，そのことに気がつくのは，彼にとっては痛ましすぎることでもあるでしょう。

　意識レベルではいっさいの罪悪感を否認し，表面上は「新しくより良い生活」にうまく適応しているかのように見える彼ですが，無意識はそれを単に許してはいないようです。彼は，どんな鎮痛剤も効かない，慢性の頭痛を抱えているのです。それでも彼は，自分自身を強く駆り立て，カレッジでは社交的にふるまって，成績も優秀，まるで頭痛（罪悪感）の存在を否認するかのように常に忙しく活動しているのです。過去の状況を繰り返す必要性と，それをすべて否認する必要性を理解することによる，私のここでのチャレンジは，まずは彼が**心理療法に対してしていること**をわかっていくことです。それからようやく，母親との間で起こったこととの類似性という文脈について，考えられるようになることでしょう。

　とはいえ，そこから現れ出てくるであろう圧倒的で凄惨な感情がどのようなものであれ，そこで私自身が心理療法士として穏やかで安定した状態を保つことが，最も大切なことです。そしてまた，いくらそれが困難なことであれ，彼と彼の感情が少しでも意味を持つために，そしてそれを抱えるために，私がそこに**い続ける**ということでしょう。

　それでは，ウェンディとエリザベスについてはどうでしょう。彼女たちの私にもっと近づきたいという乳児的なニーズを，私はどのようにコンテインすることができるのでしょうか。たとえ，はるかに容易で，魅力的にすら感じられる選択肢のように思われるにしても，それはたしかに，彼女たちの願望を満たすことによってではありません。

　彼女たちのニーズは，周りのほかの人たちによって満たされる可能性はあっても，心理療法士の私によって満たされてはならないのです。ここで私に求められていることは，彼女たちのニーズを理解しながらも，それを**満た**

さないということなのです。彼女たちの究極のニーズは，先にエリザベスの事例でみたように，自身の母親を取り戻すことであり，それが現実にできないとなると，彼女たちはファンタジーのなかでそれを成し遂げようとするのです。現実の母親は，彼女たちのためにはもうそばにいてくれないということを受け入れるのは，非常に苦痛なことです。そして，誰も現実の生活のなかでは，母親の代理となることはできないのです。そして，そのことについてファンタジーさえ抱けないのだとすれば，何の希望もないようにさえ感じられてしまいます。現実の母親がまだ何の損傷も受けていない完璧な状態でそこにいて，いつも彼女たちを支えてくれるといった空想のなかにすら希望を持てないのであれば，この先一体どうやって生きていけばよいというのでしょう。彼女たちは，残りの人生のすべてを，そのことについてただ悔恨し続けるしかないのかとさえ思われてきます。

　彼女たちがここまで生き抜くためには，せめてこうしたファンタジーを作り上げる必要があったのかもしれません。しかしながら，彼女たちにはこのようなファンタジーを抱かなくても生き抜く潜在力があるのだと信じることは，心理療法士が促進的な環境であるための重要な一要素なのです。

　ウィニコット（1954）は，心理療法士が患者のニーズを認識することと，それを願望や非現実的な充足と区別することの重要性について，語っています。特に彼はここで，逆転移による有害な気休めについて警鐘を鳴らしています。ここでの私の逆転移は，私自身の不安や，親切な人物でありたいというニーズから検討できるでしょうし，これはまた，彼女たちが私に投げかける緊迫感に対する私の反応であるともいえるでしょう。私の，あるいは彼女たちの動機がどこにあるにせよ，私は彼女たちの空想を簡単に満たすようなところにいるべきではないのです。そうではなく，私は心理療法士として，彼女たちが自らの人生を生き抜く潜在力を信じ，彼女たちと共にこの喪失の痛みを乗り越えていく必要があるのです。

おわりに

　本論の執筆を始めたときの，私のなかの問いの一つは，いかにして心理療法士としての役割から大きくずれることなく，この少年少女たちにとっての

促進的環境になれるのかというものでした。

　SW，里親，キーワーカー，そして教師らは，皆それぞれの専門性のなかでの役割がありますが，それは主に少年少女の面倒をみて，実際的で具体的な目の前にある問題に対応することです。心理療法士は，面接室の中というより制約のある状況のなかで彼らに出会い，彼らの現実の状況のなかに入っていくことはありません。私たちは，語られることの背後で起こっていることを理解しようと努めるのです。

　どうして彼らはこのようにふるまうのでしょうか。なぜ，ある状況において特に困難を感じるのでしょうか。現在，彼らを苦しめる症状を，いかにして軽減することができるのでしょうか。このような問いは，彼らを取り巻くほかの専門家たちも同様に抱いているものかもしれませんが，そのことについて討議し，共に考える機会は十分であるとはいえません。いわゆる普通の思春期・青年期の少年少女が，幼い子どものように扱われることを嫌う一方で，まだまだより養育的な側面をも必要とする付添人のいない未成年難民にとっては，彼らを取り巻く専門家間の協働が，特に重要性を増すと考えられます。

　多職種専門家が，それぞれの付添人のいない未成年難民についての理解と洞察を共有することで，私たちのセンターでの仕事は，彼らがHOMEから離れたこの新しい場所で生きていこうとしているのと同じように，さらに充実したものになると思われます。そこで，促進的環境の一部として，私たちは彼らが心の中に新しいHOMEを築いていくのを，援助することができるのです。

参考文献

■コラム
Freud, S. (1917). ／井村恒郎・加藤正明訳 (1955). 悲哀とメランコリー　不安の問題　フロイド選集10　日本教文社

数井みゆき (2007). 子ども虐待とアタッチメント　数井みゆき・遠藤利彦 (編) アタッチメントと臨床領域　ミネルヴァ書房　pp.79-101.

Klein, M. (1935). ／安岡誉訳 (1983). 躁うつ状態の心因論に関する寄与　西園昌久・牛島定信 (編訳) 愛，罪そして償い　メラニー・クライン著作集3　誠信書房

鵜飼奈津子 (2007a). 英国の児童虐待防止対応の現在──政策，研究そして治療（第1部〜第3部）NPO法人子どもの心理療法支援会　ニュースレター　No.4〜No.6.

鵜飼奈津子 (2007b). 英国の情緒障害児短期治療施設──視察報告　NPO法人子どもの心理療法支援会　ニュースレター　No.7.

鵜飼奈津子 (2009). 心理療法とイギリスの施設のお話「施設職員連続研修会　子どものこころをはぐくむために」研修テキスト　第8章

■第Ⅰ部
Bion, W. (1962). *Learning from experience*. Karnac.

Hindle, D. (1996). Doubly bereaved. *Journal of Child Psychotherapy*, 22 (2), 261-78.

Hopkins, J. (1986). Solving the mystery of monsters: Steps towards the recovery from trauma. *Journal of Child Psychotherapy*, 12 (1), 61-71.

Lanyado, M. (2004). *The presence of the therapist: Treating childhood trauma*. Brunner-Routledge.

Lanyado, M. (2006). The playful presence of the therapist: "Anti-doing" defences in the therapy of a late adopted adolescent patient. In M. Lanyado & A. Horue (Eds.), *A question of technique: Independent psychoanalytic approaches with children and adolescents*. Routledge

Marsoni, A. (2006). Battling with the unlaid ghost: Psychotherapy with a child traumatised in infacy. *Journal of Child Psychotherapy*, 32 (3), 312-28.

Mendelsohn, A. (1997). Pervasive traumatic loss from AIDS in the life of a four year old African boy. *Journal of Child Psychotherapy*, 23 (3), 399-415.

■第1章
Horne, A. & Lanyado, M. (2009). *Through assessment to consultation. Independent psychoanalytic approaches with children and adolescents series*. Routledge.

高橋理恵・黒田浩司 (2010). 児童養護施設における施設心理士導入の実際──東日本における施設心理士導入の現状　日本心理臨床学会第29回基礎・調査研究　発表資料

鵜飼奈津子 (2010a). 児童養護施設における臨床心理士の活動状況の調査および今後の課題Ⅰ　大阪経大論集，60 (5)，87-96.

鵜飼奈津子 (2010b). 児童養護施設における臨床心理士の活動状況の調査および今後の

課題II　大阪経大論集, 60(6), 241-252.
鵜飼奈津子 (2010c). 児童養護施設入所後の子どもの心のケア　平成21年度厚生労働科学研究費補助金政策科学総合研究事業（政策科学推進研究事業）『子ども家庭福祉分野における家族支援のあり方に関する総合的研究』報告書
Wilson, P. (2003). Consultation and supervision. In A. Ward, K. Kasinski, J. Pooley & A. Worthington (Eds.), *Therapeutic communities for children and young people*. Jessica Kingsley.
Wilson, P. (2009). Beyond consultation. In A. Horne & M. Lanyard, *Through assessment to consultation. Independent psychoanalytic approaches with children and adolescents series*. Routledge.

■第2章

Dyke, S. (1987). Saying "no" to psychotherapy: Consultation and assessment in a case of sexual abuse. *Journal of Child Psychotherapy*, 13 (2), 65-79.
Ekstein, R. et al. (1959). *Counter transference in residential treatment of children. The Psychoanalytic study of the child*. New York University Press.
Polsky, H. W. (1962). *Cottage six: The social system of delinquent boys in residential treatment*. Russel Sage Foundation.
鵜飼奈津子 (2009). 心理療法とイギリスの施設のお話「施設職員連続研修会　子どものこころをはぐくむために」研修テキスト　第8章
鵜飼奈津子 (2010c). 児童養護施設入所後の子どもの心のケア　平成21年度厚生労働科学研究費補助金政策科学総合研究事業（政策科学推進研究事業）『子ども家庭福祉分野における家族支援のあり方に関する総合的研究』報告書
鵜飼奈津子 (2010d). 子どもの精神分析的心理療法の基本　誠信書房
Ward, A. et al. (2003). *Therapeutic communities for children and young people*. Jessica Kingsley.

■第3章

平井正三 (2008). 子どもの心理療法への精神分析的アプローチ　日本心理臨床学会ワークショップ配布資料（未公刊）
加藤尚子 (2005). 児童養護施設における心理療法担当職員による心理的援助と課題　立教大学コミュニティ福祉学部紀要, 7, 1-11.
増沢　高 (2009). 虐待を受けた子どもの回復と育ちを支える援助　福村出版
辻内咲子 (2010). 児童養護施設における臨床心理学的アプローチ——個人心理療法と生活場での関わりの検討　大阪経済大学大学院人間科学研究科修士論文（未公刊）
鵜飼奈津子 (2009). 心理療法とイギリスの施設のお話「施設職員連続研修会　子どものこころをはぐくむために」研修テキスト　第8章
鵜飼奈津子 (2010a). 児童養護施設における臨床心理士の活動状況の調査および今後の課題I　大阪経大論集, 60(5), 87-96.
鵜飼奈津子 (2010b). 児童養護施設における臨床心理士の活動状況の調査および今後の課題II　大阪経大論集, 60(6), 241-252.
鵜飼奈津子 (2010c). 児童養護施設入所後の子どもの心のケア　平成21年度厚生労働科学研究費補助金政策科学総合研究事業（政策科学推進研究事業）『子ども家庭福祉分野

における家族支援のあり方に関する総合的研究』報告書
鵜飼奈津子（2010d）．子どもの精神分析的心理療法の基本　誠信書房
鵜飼奈津子・堀内　瞳（2011）．児童養護施設に勤務する心理士のためのディスカッショングループの試み　大阪経大論集，61（6），121-132.

■第4章
Alvarez, A. (1992). *Live company*. Routledge, p.332.
Bion, W. (1962). *Learning from experience*. Karnac.
Boston, M. & Lush, D. (1994). Further considerations of methodology for evaluating psychoanalytic psychotherapy with children: Reflections in light of research experience. *Journal of Child Psychotherapy*, 20 (5), 205-229.
Boston, M., Lush, D. & Grainger, E. (1991). Evaluation of psychoanalytic psychotherapy with children: Therapists' assessments and predictions. *Psychoanalytic Psychotherapy*, 5 (3), 191-234.
Boston, M. & Szur, R. (1983). *Psychotherapy with severely deprived children*. Karnac.（平井正三・鵜飼奈津子・西村富士子監訳〈2006〉．被虐待児の精神分析的心理療法――タビストック・クリニックのアプローチ　金剛出版）
Emanuel, R. (2004). Thalamic fear. *Journal of Child Psychotherapy*, 30 (1),71-87.
Fonagy, P. et al. (1992). The theory and practice of resilience. *Journal of Child Psychology and Psychiatry*, 37 (2), 231-57.
Jackson, E. (2004). Trauma revisited: A five year old's journey from experiences, to thoughts, to words, towards hope. *Journal of Child Psychotherapy*, 30 (1), 53-70.
Midgley, N. et al. (2009). *Child psychotherapy and research: New approaches, emerging findings*. Routledge.（鵜飼奈津子監訳〈2012〉．子どもの心理療法と調査・研究――プロセス・結果・臨床的有効性の探求　創元社）
鵜飼奈津子（2010d）．子どもの精神分析的心理療法の基本　誠信書房
Wilson, P. (2010). Consultation in residential care. In M. Lanyard & A. Horne (Eds.), *The handbook of child & adolescent psychotherapy: Psychoanalytic approaches*. 2nd ed. Roudledge.

■第Ⅱ部
Boston, M., Lush, D. & Grainger, E. (2009). Evaluation of psychoanalytic psychotherapy with fostered, adopted and "in-care" children. In N. Midgley et al., *Child psychotherapy and research: New approaches, emerging findings*. Routledge.（鵜飼奈津子監訳〈2012〉子どもの心理療法と調査・研究――プロセス・結果・臨床的有効性の探求　創元社）
Boston, M. & Szur, R. (1983). *Psychotherapy with severely deprived children*. Karnac.（平井正三・鵜飼奈津子・西村富士子監訳〈2006〉被虐待児の精神分析的心理療法――タビストック・クリニックのアプローチ　金剛出版）

■第5章
Daniel, G. & Wren, B. (2005). Narrative therapy with children in families where a parent has a mental health problem. In A. Vetere & E. Dowling (Eds.), *Narrative therapies with children and their families*. Brunner- Routledge.

鵜飼奈津子 (2010d). 子どもの精神分析的心理療法の基本　誠信書房

■第Ⅲ部

Bion, W. D. (1962). A Theory of thinking. In E. B. Spillius (Ed.), (1998). *Melanie Klein today*. Routledge.

Emanuel, R. (2011). The Tavistock Under 5's Spring Short Course における発表より（未公刊）

Freud, S. (1917). Mourning and melancholia. In *The standard edition of the complete psychological works of Sigmund Freud, volume XIV*.

Gilboa-Schechtman, E. et al. (2010). Prolonged exposure versus dynamic therapy for adolescent PTSD: A pilot randomized controlled trial. *Journal of the American Academy of Child 6 Adolescent Psychiatry*, **49**, 10.

鵜飼奈津子 (2000). 児童虐待の世代間伝達に関する一考察——過去の研究と今後の展望　心理臨床学研究, **18** (4), 402-411.

■第7章

Pynoss, R. (1996). The transgenerational repercussions of traumatic experience. Paper presented to 6th IPA Conference on Psychoanalytic Research, University of London.

Reid, S. (1999a). APTDD: Autistic post-traumatic developmental disorder. In *Autism and personality: Findings from the Tavistock Autism Workshop*. Routledge.

Reid, S. (1999b). Catherine. In A. Alvarez, S. Reid (Eds.), *Autism and personality: Findings from the Tavistock Autism Workshop*. Routledge.

Winnicott, D.W. (1953). Transitional objects and transitional phenomena. *International Journal of Psycho-Analysis*, **34**, 89-97

■第8章

Bion, W. (1962). *Learning from experience*. KARNAC, 1984

Bowlby, J. (1988). *Secure base*. Routledge

Freud, S. (1920). Beyond the pleasure principle. In *On metapsychology: The theory of psychoanalysis*. Penguin Books,1991.

Pynoss, R. (1996). The transgenerational repercussions of traumatic experience. Paper presented to 6th IPA Conference on Psychoanalytic Research. University of London.

Reid, S. (1999). Catherine. In *Autism and personality: Findings from the Tavistock Autism Workshop*. Routledge.

Rosenfeld, H. (1987). *Impasse and interpretation: Therapeutic and anti-therapeutic factors in the psychoanalytic treatment of psychotic, borderline, and neurotic patients*. Bruner-Routledge.（神田橋條治監訳／館　直彦ほか訳〈2001〉. 治療の行き詰まりと解釈——精神分析療法における治療的／反治療的要因　誠信書房）

Steiner, J. (1993). *Psychic retreats: Pathological organisations in psychotic, neurotic and borderline patients*. Routledge.（衣笠隆幸監訳〈1997〉. こころの退避——精神病・神経症・境界例患者の病理的組織化　岩崎学術出版社）

Winnicott, D. W. (1949). Weaning. In *The child, the family and the outside world*. Penguin Books.

Winnicott, D. W. (1954). Metapsychological and clinical aspects of regression within the psycho-analytical set-up. In *Through paediatrics to psychoanalysis, collected papers*. Karnac, 1992.

Winnicott, D. W. (1961). The theory of parent-infant relationship. In *The maturational processes and the facilitating environment*. Karnac, 1990.

Winnicott, D. W. (1963a). From dependence towards independence in the development of the individual. In *The maturational processes and the facilitating environment*. Karnac, 1990.

Winnicott, D. W. (1963b). Communicating and not communicating leading to a study of certain opposites. In *The maturational processes and the facilitating environment*. Karnac, 1990.

Winnicott, D. W. (1965). *The family and individual development*. Routledge, 1999.

Winnicott, D. W. (1967). The location of cultural experience. In *Playing and reality*. Penguin Books, 1974.

Winnicott, D. W. (1968a). Contemporary concepts of adolescent development. In *Playing and reality*. Penguin Books, 1974.

Winnicott, D. W. (1968b). The use of an object and relating through identifications. In *Playing and reality*. Penguin Books, 1974.

Winnicott, D. W. (1969). The use of an object in the context of Moses and monotheism. In *Playing and reality*. Penguin Books, 1974.

おわりに

　本書の冒頭の「はじめに」でも触れましたが，本当に月日が流れるのは早いもので，前著『子どもの精神分析的心理療法の基本』を執筆してから，すでに2年余の月日が流れてしまいました。その時からすでに，そこには含めきれなかった事柄をあらためてまとめ直したいという気持ちを抱いており，前著でお世話になった誠信書房の編集者，中澤美穂さんからもさっそくその企画を進行いただいていたにもかかわらず，なかなか取りかかることができないまま今日に至りました。まずは，これほどの長い時間をお待ちいただいたことに，心よりお詫びと感謝を申し上げたいと思います。

　思えば1997年，家族や友人らに見送られて関西空港からロンドンへと旅立った私は，3カ月後のクリスマス休暇には日本に戻ってくることを，そこにいた皆に約束していたのでした。しかし，実際にはそれから2年3カ月もの間，私は一度も日本に戻ることはなかったのです。何か，自分のなかで納得のいく区切りができるまでは日本には戻れない……。そんな気持ちだったのかもしれません。

　さて，2年3カ月後に初めて日本に戻った私は，すでに前臨床段階のいわゆる乳幼児観察のコースと呼ばれる課程を修了していました。そして，臨床トレーニングのコースに入るための準備期間，と言えば聞こえはいいのですが，すぐに臨床トレーニングに進むことがかなわず，いわば"浪人生活"を送っていたのでした。せっかくロンドンまで来たのだから，せっかく無事に乳幼児観察のコースを修了したのだから……。私には，それがどんなに厳しい道であろうとも，やはり臨床トレーニングを受けてみたいという強い気持ちがあり，浪人生活を送ることを決心していたのでした。

　この1年間の浪人生活は決して楽なものではありませんでしたが，自分が自分の人生のなかで，そしてその時点では何がしたいのかということについて，ゆっくりと考える時間には恵まれていた日々だったと思います。また，

1年待ったからといって，必ず臨床トレーニングに進むことができるという確約のない状況でしたので，これはまさに Not Knowing の現実をいかに生きるのか，という状況でもあったわけです。

さて，この Not Knowing という言葉から私が今でも鮮明に思い出すのは，いよいよ臨床トレーニングの修了を目前にしていたある日の出来事です。私たち訓練生は，訓練期間中にかなりの量のレポートなどを提出していますが，いよいよその最後にあたる資格論文と，臨床トレーニングの記録簿を提出し，資格が与えられるのかどうかの結果を，日々，今か今かと待っていたのです。ただし，その結果がいつ発表されるのかということは知らされていませんでしたので，私たちの間には，ただ不安ばかりが増幅しているような状況でした。

そのようななか，たまりかねて，「いつ，結果がわかるのですか？」と，あるセミナーの時間に質問した訓練生がいました。すると，そのときの担当の先生は，「この Not Knowing の状況に耐えられないで，これから一人前の臨床家になれると思いますか？ これもトレーニングのうちですよ」と，静かに答えられたのでした。これまでも臨床訓練を通して，非常に多くの Not Knowing を体験してきた私たちでしたが，まさかこの期に及んでまだそれが待っているとは……。しかも，私たちの過去6～8年の人生と生活に，あらゆる意味で"審判"が下されるのを，それがいつともわからずに待ち続けるとは……。

私はむしろ，こうしたある意味で非常に現実的な状況のなかで，まだ私たちに Not Knowing に耐える力を当然のように求めるこの状況そのものが，そして，それをある意味で非常に現実離れした（ように当時の私には感じられました），落ち着いたトーンで伝える先生のことが，あまりにも迫害的に感じられ，これは悪い冗談ではないのかと笑い出したくなるような，そんな奇妙な感覚にとらわれていたことを今も鮮明に思い出します。

そして，このときのことについて，今も時折思いを巡らせることがあります。ここで担当の先生がお伝えになりたかったことは，もしかすると次のようなことだったのかもしれません。つまり，私たちはそれぞれに6～8年もの年月を費やして，できる限りのことをしてきたのではなかったか。何より

も大切なことは，その日々のプロセスなのであって，そこから導き出される結果ではないのではないか。私たちは，この日々のなかでいったい何を学んだのか，そしてそのプロセスは，たとえ資格を得ようとも決してそれがゴールなのではなく，資格を得るということは，心理療法士になっていくというプロセスにおける単なる一通過点にすぎないのではないか……。そして，私たちがどのような心理療法士に**なっていく**のか，あるいは，もしかすると心理療法士にはならないかもしれないこと，それはいつになっても，そして誰にもわからないことなのではないか。つまり，心理療法士になっていくということは，何かのゴールのために何かをするという非常に明確なものはどこにもないのだけれど，それでもそれを求めて生きていきたい……。それが心理療法士になっていくということであり，そのための訓練は，たとえコースを修了してもそれで終わってしまうということではないのではないか。

実は，こういう非常にシンプルな，けれども非常に厳しいことを先生は私たちにお伝えになりたかったのではないか。そんなふうに思い返してみたりします。

さて，話は前後しますが，当時のタビストック・クリニックには，私のようにいわゆる臨床トレーニングに進むことを希望する浪人生のためのプログラムが用意されていました。そこでは，グループ・スーパーヴィジョンが提供され，また精神分析理論の系統講義のほか，希望により多職種メンバーの集うセミナーへの参加が許されていました。そしてもちろん，教育分析も……。

私はこの頃も，渡英以来仕事をしていた日本人のためのクリニックで臨床心理士としての仕事を続ける一方で，現地の子どもたちの学童保育で，自閉症などの発達障害を持つ子どもの個人サポートワーカーとしての仕事をしていました。ここでのたくさんの英国人の子どもたちやその家族との出会いが，その後の臨床トレーニングの課程において大変貴重な体験となったことは，言うまでもありません。

そうした1年を経て，無事に臨床トレーニングに進むことのできた私は，学童保育の仕事こそはやめてしまいましたが，日本人のためのクリニックでの仕事は続けていました。私自身が，どこかに自分の日本人としてのアイデ

ンティティを保っておける場所として，このクリニックのことを大切に感じていたことは，言うまでもありません。また，日本人のためのクリニックでは，臨床心理士というプロとして，また"大人"として機能しながらも，英国の CAMHS チームのなかでは，臨床訓練生という半プロとして，また"赤ん坊"のような無力な存在であるという，この二つのアイデンティティの往来を，私はどこかで楽しんでいたところがあったのかもしれません。

　もちろん，英国の CAMHS チームでの臨床実践の学びを，一人職場である日本人クリニックにおける臨床にいかに応用できるのかという視点を持ち続けること，そして，英語で英国人の子どもや家族に話す言葉を，いかに日本語で日本人の子どもや家族に話すことができるのか，その私の"心の中の翻訳"作業にも，非常に意味を感じていました。もしかすると，私が日本に帰国して以来，再び日本の土壌で日本人の子どもや家族と出会う際に，さほど大きな戸惑いを感じることなく日本人の臨床家として"再適応"できたと感じられているのも，こうした日本人クリニックでの実践を続けていたおかげだったかもしれないと思ったりもしています。

　さて，2008 年 4 月，私は 10 年半暮らした英国を後にして，教員という新たなアイデンティティを持って再び日本での暮らしを始めました。けれども，私自身はいつまでも臨床家であり，臨床家としてのアイデンティティをなくしてしまっては，「臨床を教える」ことのできる教員ではいられないと感じています。しかし，一臨床家としてのアイデンティティと，そのことについて教える教員という立場のアイデンティティの往来は，なかなか容易なものではありません……。それが，この 4 年余の私の率直な思いであり，体験です。

　また，私にとって精神分析とは，学部生の頃から非常になじみの深い分野であったのですが，それがどうも一般的なことではないようだ，ということを痛感した日々でもありました。大学院の受験生のみならず，精神分析関連のセミナーなどに参加される臨床心理士の方々のなかにも，学部生時代はもちろんのこと，大学院においても精神分析についてはほとんど学んだことがない，とおっしゃる方が非常に多いのです。

　現代の日本の社会の流れを見ても，効率的であることが大切であるとされ

る風潮が強くあります。また，医療の現場では，エビデンス・ベースということが何よりも大切なことだとされる風潮もあるでしょう。特にこの点に関して，現時点では，精神分析は弱いと言わざるを得ません。また，精神分析の実践が，どのような現場で，どのように行われているのかということが，たとえば認知行動療法などのようにはあまり一般的には知られていないようだとも感じています。これらはもちろん，精神分析を実践する私たち一人ひとりの責任ではあるのですが，何事においても目に見える即効的な結果や効率ばかりを重視する傾向の強い現代社会において，時間はかかるかもしれないけれどゆっくりと自分自身と向き合ってみようという時間を持つことも，また大切なことなのではないかと思ったりもします。まさに，私たちの社会は Not Knowing に満ち溢れているのですから……。

　最後になりましたが，私が日本に帰国して以来の4年余の日々を支えてきてくれた家族，同僚や学生さんたち，そして多くの友人に，ここであらためて心より感謝を申し上げたいと思います。いつもありがとうございます。そして，これからもどうぞよろしくお願いいたします。

　　　2012年春　　桜の花が開き始めた大阪にて

　　　　　　　　　　　　　　　　　　　　　　　　　　　　鵜飼　奈津子

索　引

ア　行

愛着　*29, 30*
　　——形成　*29*
　　——理論（アタッチメント）　*29, 61, 64, 145*
アイデンティティ　*116, 178*
悪夢　*155, 159, 178*
アセスメント　*9, 33, 57, 115, 122, 133, 152*
アルバレス（Alvarez, A.）　*71*
安全基地　*171*
アンダー5サービス　*122*
生き抜く潜在力　*197*
生き残る　*178, 182, 185, 192, 195*
移行空間　*168*
インテーク面接　*152*
ウィニコット（Winnicott, D. W.）　*54, 170, 179, 180, 182, 189, 190, 192, 194, 197*
ADHD　*57*
NCH（National Children's Home）　*39, 83*
NHS（National Health Service）　*87*
NSPCC（National Society for the Prevention of Cruelty to Children）　*39, 91*
エマニュエル（Emanuel, R.）　*73, 150*
親の精神保健上の問題　*i, 86, 89, 122*
親面接　*92, 103, 107, 109, 110*

カ　行

解釈　*36, 71, 181, 194, 195*
外傷体験　*112, 163, 170, 178, 180, 181*
家族対応　*60*
環境　*61, 170, 181, 192*
　　——療法　*24, 58*
　　抱える——　*56*
　　促進的——　*172, 180, 194, 198*
観察　*iii, 4, 22, 73*
　　行動——　*67*
　　精神分析的——　*122*
虐待　*7, 30, 32, 63, 86, 118, 122, 149*
　　子どもの——　*ii*
　　施設内——　*29*
　　児童——　*6*
　　児童——事件　*28*
　　児童——防止　*39*
　　児童——防止法　*6*
　　情緒的——　*89*
　　性的——　*24, 26, 56, 82, 139*
　　被——児　*7, 13, 28, 60, 63*
教育分析　*iv, 53, 72*
境界　*34, 70, 182, 188, 189, 190*
協働　*ii, 10, 14, 45, 51, 70, 104, 198*
　　——関係　*14*
　　他機関——　*116*
　　他職種——　*ii, 25, 116*
　　多職種——チーム　*65, 87, 90*
緊急介入（対応）　*59, 134*
軽度知的障害　*138*
ケースカンファレンス　*10, 12, 25, 57, 68*
厚生労働省　*6*
公的精神保健クリニック　*64, 90*
公的保護　*29, 65, 86, 87, 144, 145*
行動療法的アプローチ　*155*
子育て支援　*i, 118, 121*
子どもサービス（Children's Service）　*28, 54, 83*
子ども・思春期精神保健サービス（Child and Adolescent Mental Health Service：

CAMHS 125
――クリニック 65, 86, 90, 108, 126, 172
――チーム 90
子ども・青年心理療法士（Child & Adolescent Psychotherapist） i, 57, 67, 90, 148, 151, 155, 171
コミュニケーション 4, 63, 73, 123, 192
コンサルテーション 17, 21, 32, 57
コンテイナー 181, 183, 190, 194
コンテイン 4, 48, 49, 72, 73, 79, 172, 181, 196

サ 行

里親 4, 29, 30, 39, 54, 60, 108
――制度 4, 82
専門―― 39, 84
里子 63, 65
サバイバーズ・ギルト（survivor's guilt） 156
自殺企図 31, 126
自傷 126, 135
――行為 137
持続性暴露療法 150
児童相談所 2, 6, 29
児童福祉制度
英国の―― 28, 39, 54, 82
日本の―― i, 5
児童養護施設 i, 2, 6, 29, 31
GP（General Practitioner，一般診療医） 91, 125, 127, 152
シュア・スタート 118
就労支援（指導） 119, 138, 146
症状 163
情緒障害児短期治療施設 5, 6, 22, 54
職業訓練校 138, 145, 164
侵害（impingement） 180
身体症状 155
心的外傷 148

――後ストレス障害（Post Traumatic Stress Disorder：PTSD） 149, 150
心理職 6
――としての資格 11
――のアイデンティティ 46, 50
――の勤務（雇用）形態 11
――の勤務年数 13
――の職務内容 9
――の配置状況 8
――の役割 20, 34, 45, 47
心理療法 9, 57, 94
――カレンダー 185
――の終結 142, 167
――の中断 142
集中的―― 138
スーパーヴァイザー 70
スーパーヴィジョン iv, 14, 15, 51, 72, 82, 124, 152, 194
生育歴 128, 139, 149, 170
生活職員 23, 31, 35
精神科診断 134
成人心理療法士 90, 115, 151
成人のための精神保健サービス 90
精神分析家 90, 114
精神分析的心理療法 iii, 4, 63, 149, 150, 170
――の応用 151
子どもの―― i, 2, 57, 87
成長力（resilience） 144
セカンド・オピニオン 79
躁うつ病 92
喪失 61, 153, 163, 170, 178, 183, 189
躁的 95, 98
――状態 102
ソーシャルサービス 29, 65, 66
ソーシャルワーカー 28, 70, 84, 91
措置 54
――機関 10, 25, 32
――機関の対応 60
――の移行期 67

——費用　　30, 54
　　二重——　　30

タ 行

対象喪失　　150
対症療法　　149
退避（retreat）　　181
タビストック・クリニック　　63, 83, 86, 122
短期介入　　i, 126, 127, 136
地域精神科看護師（Community Psychiatric Nurse：CPN）　　91, 114, 135
地域精神保健チーム（Community Mental Health Term：CMHT）　　91, 131, 132, 134
チーム　　12, 31, 45, 70, 118
　　——アプローチ　　51
直接処遇　　9, 50, 58
　　——職員　　44, 51
治療的コミュニティ　　29, 79
ディスカッション・グループ　　3, 41
転移　　4, 13, 32, 64, 161, 189
　　逆——　　4, 13, 64, 72, 73, 161, 187, 197
　　逆——感情　　iv, 183
投影　　32, 73, 170, 172, 183, 184, 192, 193
統合失調症　　65, 92, 108
闘争／逃避　　71
特別支援　　29
　　——学校　　39, 138
トラウマ（心的外傷）　　ii, 79, 148, 166
ドリスデイル（Dockar-Drysdale, B.）　　54

ナ 行

内在化　　5, 49, 153
内的対象　　5, 182
名づけようのない恐怖（nameless dread）　　150
難民　　148, 162, 168, 171

付添人のいない未成年——　　155, 161, 170
認知行動療法　　94, 109, 131, 133
ネグレクト　　76, 121

ハ 行

発達相談サービス　　123
バロウズ（Burrows, P.）　　122
反復強迫　　192
ビオン（Bion, W. D.）　　150, 170
非政府組織　　39
フォナギー（Fonagy, P.）　　66
フォローアップ　　123
　　——・セッション　　75
フラッシュバック　　155, 178
振り返り面接　　25, 36, 105, 110
フロイト（Freud, S.）　　150, 192, 194
文化人類学的な視点　　158
分離不安　　123
ボウルビィ（Bowlby, J.）　　54

マ 行

マルベリー・ブッシュ・スクール　　33, 54
民族的マイノリティ　　148
無意識のファンタジー　　38, 179, 180
ものおもい（reverie）　　182
喪の作業　　61, 149, 150, 189

ヤ 行

薬物療法　　134, 136, 149, 155
夢　　166
ヨウエル（Youell, B.）　　123
抑うつ　　136, 137
　　——傾向　　60
　　——状態　　65, 102
　　——的　　128

ラ 行

ライフストーリー・ワーク　40, 81
リービング・ケア　144
臨床心理士　i, 8, 11, 15, 90, 94, 124, 133, 135
レフュジー・セラピー・センター　ii, 151, 171
連携　10, 57
　他機関――　ii, 12, 28, 86, 92, 127, 134, 136
　他職種――　ii
ローゼンフェルト（Rosenfeld, H.）　183, 189

◆執筆者紹介

鵜飼 奈津子（うかい　なつこ）

1992～1997 年	大阪府子ども家庭センターに心理職として勤務
1997～2008 年	ロンドン医療センターに臨床心理士として勤務
1997～2004 年	英国 Tavistock Clinic, Child & Family Department へ留学
2000～2004 年	Parkside Clinic, CNWL NHS Mental Health Trust および Tavistock Clinic, Adolescent Department に臨床訓練生として勤務
2004 年	Psychoanalytic Psychotherapy with Children, Parents & Young People 課程修了，Child & Adolescent Psychotherapist 取得
2004～2008 年	Refugee Therapy Centre に Child & Adolescent Psychotherapist として勤務
2008 年～	大阪経済大学人間科学部准教授
著　書	『子どもの精神分析的心理療法の基本』誠信書房 2010 年，『仏教心理学キーワード事典』（分担執筆）春秋社 2012 年
訳　書	アルヴァレス＆リード編『自閉症とパーソナリティ』（共訳）創元社 2006 年，ボストン＆スザー編『被虐待児の精神分析的心理療法』（監訳）金剛出版 2006 年，ウィッテンバーグほか著『学校現場に生かす精神分析』（監訳）岩崎学術出版社 2008 年，ミッジリーほか著『子どもの心理療法と調査・研究』（監訳）創元社 2012 年

子どもの精神分析的心理療法の応用
（こどものせいしんぶんせきてきしんりりょうほうのおうよう）

2012 年 8 月 25 日　第 1 刷発行

著　者　　鵜　飼　奈津子
発行者　　柴　田　敏　樹
印刷者　　日　岐　浩　和

発行所　株式会社　誠　信　書　房
〒112-0012　東京都文京区大塚 3-20-6
TEL　03（3946）5666
http://www.seishinshobo.co.jp/

中央印刷　協栄製本
検印省略
© Natsuko Ukai, 2012

落丁・乱丁本はお取り替えいたします
無断で本書の一部または全部の複写・複製を禁じます
Printed in Japan
ISBN 978-4-414-40073-1　C3011

かかわり合いの心理臨床
体験すること・言葉にすることの精神分析

森 さち子著

年齢，性別，病態が異なる様々な臨床素材を抽出し，クライエントとセラピスト間に生起する言葉にならない現象を浮き彫りにする。心理臨床の現場でますます重要になってきている相互交流，それを理解するための間主観性理論への格好の入門書である。

主要目次
第Ⅰ章　臨床体験──〈体験の現れ〉が相互
　　　　交流に与えるインパクト
　◆ふと口をついた言葉
　◆受け入れがたい情緒をめぐるかかわり／他
第Ⅱ章　心の起源
　◆心理療法過程における二つのテーマの相克
　◆心の対話的起源──新しい展開／他
第Ⅲ章　情動調律
　◆関係性に生起する「情動調律」
　◆体験としての情動調律／他
第Ⅳ章　体験の現れと言葉化
　◆〈体験の現れ〉について
　◆〈体験の現れ〉と情動発達の関係
第Ⅴ章　臨床から理論へ・理論から臨床へ
　◆臨床素材の検討
　◆心理療法過程における相互交流

A5判上製　定価(本体2500円+税)

子どもの精神分析的心理療法の基本

鵜飼奈津子著

タビストック・クリニックでの「子ども・青年心理療法士」の資格取得時のトレーニング内容と，その後の臨床体験を，自閉症と発達障害の子どもの事例を挙げながら詳細に伝える。子どもの精神分析的心理療法の受付から終結までを，総合的に示す実践の書である。

目次
第Ⅰ部　子どもの精神分析的心理療法の基本
　1　枠組み
　2　相談の受付から心理療法に至るまで，
　　　そして終結までのプロセス
　3　親面接の基本
第Ⅱ部　子どもの精神分析的心理療法の実際
　4　精神分析的心理療法のためのアセスメ
　　　ントの実際
　5　心理療法の経過中に行う振り返り面接
　　　の実際
　6　集中的心理療法の実際
第Ⅲ部　英国における公的医療制度と子ども・
　　　　青年心理療法士のトレーニング
　7　子ども・青年心理療法士のトレーニング
　8　スーパーヴィジョンと教育分析
資料編

A5判上製　定価(本体2600円+税)